瞭解你十八～
二十歲的孩子

貝塔‧寇普利
(Beta Copley)
吉安娜‧威廉斯 　著
(Gianna Williams)

張德銳、徐靜波 譯

三民書局

國家圖書館出版品預行編目資料

瞭解你十八～二十歲的孩子／貝塔・寇
普利(Beta Copley),吉安娜・威廉斯
(Gianna Williams)著；張德銳,徐
靜波譯.--初版.--臺北市：三民,民85
　面；　　公分
譯自：Understanding your 18-20
　　　year old
參考書目：面
ISBN 957-14-2443-9 (平裝)

1.青少年-心理方面

173.2　　　　　　　　　　　85008520

國際網路位址　http://sanmin.com.tw

© 瞭解你十八～二十歲的孩子

著作人　貝塔・寇普利 (Beta Copley), 吉安
　　　　娜・威廉斯 (Gianna Williams)
譯　者　張德銳　徐靜波
發行人　劉振強
著作財　三民書局股份有限公司
產權人　臺北市復興北路三八六號
發行所　三民書局股份有限公司
　　　　地　址／臺北市復興北路三八六號
　　　　郵　撥／〇〇〇九九九八——五號
印刷所　三民書局股份有限公司
門市部　復北店／臺北市復興北路三八六號
　　　　重南店／臺北市重慶南路一段六十一號
初　版　中華民國八十五年九月
編　號　S 52084
基本定價　肆元肆角
行政院新聞局登記證局版臺業字第〇二〇〇號

ISBN 957-14-2443-9 (平裝)

盧序 — 愛他・請認識他

　　淘氣「阿丹」上學的第一天，帶了個「阿丹塑像」及「錄音機」到教室上課。

　　原班老師久聞「阿丹」盛名，第一天上課就請病假，由代課老師上課。代課老師問阿丹怎麼才剛上課就「不安於室」的搬出「塑像」和「錄音機」。阿丹指著阿丹塑像說：「『他』是來代替我上課的，你瞧！他最乖了，不吵也不鬧！錄音機是用來錄音你講的課，因為我媽媽說你講的每一句話我都要記住。有了這些道具，我是不是就

可以出去玩了呢?」代課老師說:「你簡直亂來,怎麼可以找人代替上課呢?」阿丹理直氣壯的說:「可以有『代課老師』,為什麼不可以有『代課學生』呢?」

　　這個個案裡說明了當今教養與教育上的諸多問題,如果父母與老師瞭解孩子的發展與需求,也許「暴走族」的孩子就不會產生了。為了讓2000年的臺灣孩子有更生動活潑,以及更人性化的學習環境,上至教育部、教改會,下至民間各個團體紛紛卯足熱勁,扮起教育改革的「拼命三郎」。在參與及推動教育改革的過程中,我和一起工作的老師、父母們有快樂歡愉的經驗,但也有黯然神傷的時候,最重要的原因在於成人往往忽略孩子各個階段的發展與個別差異的需求,這也正是現今「教育鬆綁」窒礙難行之處,真愛孩子就必

須為孩子量身訂做適合孩子成長的學習環境。

　　三民書局為使父母與老師對孩子的發展能更瞭解與認識，同時對孩子的各種疑難雜症，能有「絕招」以對，將採由E.奧斯朋(E. Osborne)主編「瞭解你的孩子」(*Understanding Your Child*)系列叢書，聘請學理與實務經驗俱豐的專家譯成中文以饗讀者。希望藉此，讓父母與教師在面對各個不同的個案時，能迎刃而解。同時在「琢磨」孩子的過程中，也能關照孩子的「本來」。

　　從初生到二十歲這一成長階段的關注與指南，在國內的出版品中仍屬少見。除了謝謝三民書局劉振強董事長及編輯同仁的智慧與愛心外，更盼你從這些「珍本」中，細體孩子追趕跑跳碰的童年，以及狂狷青少年的生理與心理上的種種變化與特徵。

愛孩子是要學習的，讓我們從認識孩子的發展與需要著手，然後真正的「因材施教」，使每個孩子健健康康、快快樂樂的成長與學習。

盧美貴

於臺北市立師範學院

民國85年8月1日

診所簡介

　　泰佛斯多診所 (The Tavistock Clinic)，　1920
年成立於倫敦，以因應生活遭遇到第一次世界大
戰破壞之人們的需要。今天，儘管人與時代都已
改變了，但診所仍致力於瞭解人們的需要。除了
協助成年人和青少年之外，目前泰佛斯多診所還
擁有一個大的部門服務兒童和家庭。該部門對各
年齡層的孩子有廣泛的經驗，也幫助那些對養育
孩子這件挑戰性工作感到挫折的父母。他們堅決
表示成人要盡早介入孩子在其成長過程中所可能

出現的不可避免的問題；並且堅信如果能防患於未然，父母是幫助孩子解決這些問題的最佳人選。

因此，診所的專業人員很樂意提供這一套描述孩子成長過程的叢書，幫助父母們認識孩子成長過程中的煩惱，並提供建議以幫助父母思考其子女的成長。

著者

貝塔・寇普利(Beta Copley)已於泰佛斯多診
所任職且執教多年。她與芭芭拉・佛里昂
(Barbara Forryan) 合著《兒童與青少年的治療工
作》(Therapeutic Work with Children and Young
People) (1987年，羅伯・羅伊斯) (Robert Royce)，
並著有《青少年的世界：文學、社會及精神分析
治療》(The World of Adolescence：Literature,
Society and Psychoanalytic Psychotherapy) 一書
(1983 年，富利圖書公司) (Free Association

Books)。寇普利已婚並有兩個子女及三個孫子。

吉安娜・威廉斯(Gianna Williams)是泰佛斯多診所青少年部門的一位心理治療師顧問，並於研究所任指導教授一職，教授精神分析觀察研究課程。她與伊斯卡・魏騰伯格 (Isca Wittenberg)以及艾爾西・歐斯朋(Elsie Osborne)合著《學習與教學的心路歷程》(The Emotional Experience of Learning and Teaching)一書 （1983年，洛特里居）(Routledge)，並且出版了許多與青少年有關的文章，包括了飲食失調，少數民族的群體及精神治療工作。威廉斯已婚並有兩個子女及一個孫子。

目錄

前言

　　這本書是有關青少年成長系列叢書中的最後一本。本書描述了人生中具有里程碑意義的一個階段。這些青年人現在已被賦予了選舉權，並且公認為是能負責任的成人了。當他們處於需要作出重大抉擇的人生階段時，許多人仍然忙於發現自我，要弄明白自己到底是怎麼樣的人。就在這兩年裡，這樣的感覺逐漸變得越來越清晰，越來越明確，即：「我是……」或「我認為……」。

　　對很多年輕人和他們的父母親而言，這一階

段將代表著他們原先所熟識的家庭生活已開始結束。有些年輕人可能離開家庭以繼續求學。有些人可能會離開父母的家庭而出外去謀得一份工作。有些人也許希望與朋友們或與自己的伴侶建立一個新家庭。

在年少的時候，家庭是他們最為關心的中心舞臺，家庭對他們具有一種控制力，但到了後來，他們逐漸感到——至少是部分地感到——自己的人生應該與自己同一年齡層的青年人緊密相連在一起。在我們目前所討論的這一年齡層中，一種更加明確的自我意識開始萌芽發展，而這種意識往往是隨著與一位伴侶日益密切的長期交往而產生的。換句話說，年輕人正變得日益成熟。

已經能夠離開對家庭的依賴，離開自己的夥伴世界，並且能夠對自己的人生負起直接的責任，

這差不多可以看成是已從成長的過程中走到了畢業的階段。不過，成長的過程也許是崎嶇坎坷的，一個處於十八、九歲，剛剛成年的青年人，經常會感到經濟上還難以完全自立，他們還需要別人的幫助。這是人生中的一個特殊的階段，他們已經有了獨立前行的願望，卻仍然還未真正找到可以站立的堅實基礎。

對於父母親而言，這也是一個重要的轉變時期。當第一個孩子離開家庭的時候，乃至最後一個孩子離家，都會為他們自己的人生展開新的一頁。雖然父母親和青春期的孩子之間也許會經常產生難以溝通的困擾，可是一旦長大後的孩子要離開家庭，便很可能會勾起痛苦的情感，無論是對父母還是對孩子，這在他們的人生歷程中都是一個重要的轉捩點，孩子的離家將在家裡留下一

片空白。因此家長本身需要對此作出一番調整，無論他們是一對美滿的夫妻，還是離異的單親家長。即使是那些對孩子的成長抱持著理解和支持的心態、且對孩子並沒有過分庇護的家長，也會擔憂自己尚未完全成年的孩子在新的環境中能否妥善地照料自己。倘若父母親覺得孩子的離家並沒有經過充分的考慮，並且會使他們在是否能給予孩子幫助、及如何給予等方面顯得手足無措的話，由此而來的憂慮就會更加深重了。一旦在孩子離開之後，有些父母親需要對他們自己今後的人生方向作出一些調整，這些調整對於他們來說也許並不是件輕而易舉的事。特別是有些調整不僅與失去孩子之後的失落感有關，並且也涉及到他們對自己的人生目標感到茫然若失。這的確是家長和孩子都需要作出極大調整的重要時刻。

在本書中，我們將對處於這一人生階段的孩子及他們的家長可能遇到的各種情形作一番解說和分析。這些都是基於我們多年來的專業工作經驗，當然，為了尊重個人的隱私，本書的敘述並不涉及到任何具體的事例。

第一章

成人的分界及

不斷增長的

自我意識

學會瞭解自己

十八歲到二十歲的青年人已越來越具有自己的見解，並已形成越來越清晰的自我志向和欣賞品味。

簡妮(Jenny)現在已經十八歲了，以前她總是穿著非常破舊和磨得發白的牛仔褲，一雙球鞋的鞋帶鬆鬆散散。她明白父親非常不喜歡自己這身打扮，特別是有他那一輩的親戚在場的時候。有一次，他曾經拒絕帶她一起出去遊玩，他說他為女兒的這身打扮感到羞恥。而簡妮也對此感到非常生氣，她不瞭解為什麼父親會這樣。

如今簡妮正在上一門商務課程，穿著乾淨整潔的

牛仔褲。她覺得這一現象是隨著她自己的成長而自然

產生的一部分變化，而非父母親反對的結果。父親自

己也清楚這一點，他已經明白簡妮不願意別人將她的

這一變化看作是屈從或他人教導的結果。不過，當現

在有人提起她當年所穿的破舊牛仔褲是如何使得格萊

迪姑媽(Auntie Gladys)大為困窘時，簡妮也會咧嘴一笑

了。如今她的個性意識已相當的穩定，她已能充分地

表現出自己的個性，而不必在別的親戚面前刻意地顯

得與眾不同。她也頗為喜歡自己的新形象。青春期初期的那種衝動狂熱似乎也逐漸平息下來了。

　　早些年，簡妮的興趣愛好都和她的那群小夥伴相同，不僅在外表打扮上——事實上她們都穿破舊的牛仔褲和鞋帶鬆散的球鞋——而且別人喜歡的音樂她也跟著喜歡。如今她已經十八歲了，在欣賞品味上她已顯得相當富有個性。遇到她自己確實所喜愛的流行音樂錄音帶時，現在她已能毫不猶豫地買下來，要是在過去，她或許會對此不屑一顧，因為它們不「存在」朋友的圈子裡。簡妮有時還會從她哥哥那裡借些歌劇錄音帶來聽聽。她已經獲得了屬於她自己的自由。

　　簡妮的哥哥鮑勃(Bob)，現在已經二十歲了，以前經常將一些父母親所不喜歡的小報四處散放在家裡，以此來激怒他們。那時候他倒不是真的很贊同報上所刊登的那些政治和社會新聞，而只是想與他的那幫朋友

一起跟上最新的潮流。之所以挑起與父母的爭吵，不僅僅只是想激怒他們，而且還隱含著另一個願望，即通過這樣的對抗，來顯示出他自己的政治和社會標準。在十八歲至二十歲的時候，他已經對某些社會和政治問題產生了真正的興趣，他不再從他的那群夥伴中去尋找老套的反應，而是對有關國內外問題的是非能坦率地表達出自己的懷疑和憂慮，比如像戰爭，核能和社會福利等問題。

簡妮和鮑勃對自己的感覺與個人的需求都有一個比較明智的認識，他們並沒有採取與父母親作對的方式。這一變化對融洽的家庭氣氛有很大的幫助。這也有助於在簡妮和鮑勃的心目中建立起友善、可以倚賴的父母形象。內心的這種溫暖慈祥會產生一種深厚的資源，並使他們意識到自己是一個堅定而富有主見的人。當發生重大的變化或需要作重要的決定時，家人

是自己的堅強後盾的這種感覺就顯得格外重要和富有
價值。

　　一個人對自己逐漸增強的自信心不但會對其他的
各種因素產生影響，同時也會受到包括就業、與自己
的伴侶相處得如何，有時候還包括進一步求學等因素
的影響。這些問題我們將在下幾章討論。

第二章

下一步
我該做什麼?
工作特質的發展

孩子們常被人問起：「你長大以後要做什麼?」也許不常有人問父母親是怎麼想的，不過他們心裡也許已經有了各種的盤算，希望自己的孩子將來做什麼。有些家長也許希望自己的孩子繼承自己所選擇的學業或職業；有些則希望孩子從事某項他們自己未能做成的事業。這樣的想法是很自然的，很多人都這麼認為。不過，對家長來說，幫助孩子找出自己的特長，並使其自由發展，以使他們成為完全的自我，是非常重要的。

選擇與自己的父母完全不同的職業甚至生活方式並不
需要違逆父母親。從伊馮(Yvonne)和羅伊(Roy)的例子
中，我們馬上就可看到，年輕人也可以從與某位老師
或所尊敬的親戚的交往中得到自己該從事什麼工作的
啟發和鼓舞。

　　對一位家長來說，明白這一點，或者說回想起這
一點是很有裨益的：著手從事某項新事物的緊要關頭
往往是一段令人徨徨不安、情緒緊張的時期。不管什
麼時候，當必須作出某些重要的決定——即使不是最
後的決定——的時候，一定程度的激動不安是很自然
的。第一份工作或想繼續求學的最初選擇未必是終生
的決定，以後經常還會有變化。走上先人鋪設好的捷
徑，也許可以避免疑惑或舉棋不定的痛苦，但這會限
制年輕人的各種真實特質的充分展現。

　　人們常常會採取消極選擇的輕率方式來避免內心的緊張不安，比如說一個工程師的兒子打定主意，他可以從事任何工作，就是不當工程師。為了削弱潛在令人擔心害怕的刺激程度，這也許是一種辦法，即使不是建設性的辦法。不過到了十八歲時，有些青年人依然覺得不說「我不是你」，而說「我是我自己」這句話並不容易。

選擇職業

　　加文(Gavin)的父親是個綜合科的一般開業醫生，他和太太都希望加文繼承父業，甚至能超越他的父親，成為一名有成就的專家。儘管在青春期的開頭幾年加文顯得有點桀傲不馴，但他的學業很不錯，而且整體來說和父親的相處也很好。他知道要是他不選擇醫科的話，他的父親能諒解他，並且可以承受內心的失望。因此他選擇了一所大學的師範課程。他對父親的人品很敬重，其中有一點便是對病人的關心。雖然他沒有選擇父親所從事的職業，但他承繼了父親的那種敬業精神，而這一精神將會實現在他自己的工作上。受到

父母親優秀特質的影響，十九歲的加文似乎在他所選擇最能實現自我的人生道路上走得不錯，雖然他並沒有繼承父志。

伊馮的父母親經營一份規模不大的園藝業。他們曾經請女兒來幫過忙，事業上也需要像女兒這樣具有新創意的人。伊馮雖然很喜歡花卉的美麗，但對這一工作卻並沒有什麼興趣。她熱愛音樂，決定去接受音樂訓練，並且繼續學習她早已在學校裡彈奏過的樂器。學校裡一位頗為優秀的老師教了她很多樂理知識，並鼓勵她學習音樂。她的父母很希望女兒一起來加入園藝業，但他們對自己的女兒很瞭解，並認識到女兒作了一項明智的選擇，這將會使她今後的人生更為充實。女兒沒有來填補他們預先留給她的位置，這雖然使他們感到失望，但還是欣然接受了這一事實。

工作的意義

　　十九歲的羅伊，在最近幾年裡，整體而言，已逐漸對自己有了清楚的瞭解。他目前所從事的工作對他來說非常重要。他已經是一個很熟練的汽車修理工，賺了不少錢。除了在修車廠工作之外，他還在當地的報紙上登廣告，以期廣闢財源。他從小就對汽車和引擎感興趣。比方說，他對小叔叔戴倫(Daren)的技術就非常著迷。戴倫能非常熟練地將自己的機車引擎拆開、加油、給每一項零件加潤滑油，最後再將拆開的零件重新裝配起來。

　　羅伊非常清楚，什麼樣的工作能給自己帶來大量

的滿足感，在這方面他是很幸運的。他也找到了一份

適合自己的職業。此外，他還在上夜校。一開始他賺

得不多，但他有強烈的自立自足的奮鬥精神。

失業問題

　　有些青年人在離開學校之後去尋找工作，只是想
賺錢養活自己，此外並沒有非常明確的目的。即使這
份工作本身並沒有什麼特別的益處，但它可以提供各

種獲得新知甚至結交新朋友的機會。而且，工作會給我們一種真實屬於成人世界的感覺。像羅伊這樣的青年人很幸運，他們在剛離開學校時便找到了合適的工作，能夠建立起自己明確的工作特質，而另一些青年人則未能獲得工作，在這兩類人之間存在著鮮明的對比。那些沒有工作的青年人不僅經濟來源上頗為拮据，而且意志消沈，這使得他們的社會生活日益空虛。缺乏工作對於一個年輕人的成長及成人意識的形成可能成為一個重大的障礙。

　　貝佛莉(Beverly)非常不喜歡在學校的那段生活，當她離開學校時，既沒有任何正式的資格，也沒有什麼特別的喜好。她在學校裡找到了一份臨時的清潔工作，但只做了幾個月，因為原先的那位正式清潔工產假期滿回來了。在接下來的一段失業期間她參加了一個青年人職業訓練班，但她覺得沒意思。到了十八歲時她

待在家裡，興致缺缺地接受了一份報酬很低的兼職工作，這是她唯一能找到的工作。所得的報酬比救濟金的收入還低，但她面臨著失業或是工作的嚴峻選擇，她明白工作實際上是遭人剝削。貝佛莉的父母親認為女兒應當接受任何能找到的工作，而不管報酬多少。而貝佛莉本人對這種要她接受任何工作的壓力極為反感。她變得孤僻，缺乏自尊心，她覺得在能獲取成功的工作世界裡已無她立足之地。

即使在貝佛莉確實有點錢可以到外面去花費一下的時候，她也不願意與老朋友一起待在酒吧裡，因為她覺得他們會瞧不起自己。不過她還是不斷地到就業中心去，最後終於找到了一份較好的工作，到商店當營業員。她原先沒有很多機會到各處去走動，她也很討厭自己依然待在家裡。因此，店員的工作給了她一個賺錢的機會，減輕了一些壓力，現在她能為家裡的

生計多作一點貢獻了。她的自我感覺大為改善，也能常出外去走走，社交生活的品質有了提昇。

　　貝佛莉在相當長的一段時間裡一直情緒低落，不過最後還是熬過來。但對於貝佛莉原先學校裡的那些找不到工作或是後來失業的同儕來說，情況並沒有出現這麼好的轉機。其中有一個叫做哈利(Harry)，在他十六歲的時候曾是一個意氣風發的小伙子。他體育非常傑出，尤其是足球。他帶了幾張普通中等教育證書離開了學校，但不知道自己想要做什麼工作。而且，根本也沒有工作的機會。他進了一家職業訓練中心，但他覺得中心缺乏目標，不能激起他的任何興趣。雖然他還在當地的足球隊裡踢球，還與外界保持一些往來，但他已沒有錢出門了，甚至在週末也是如此。到了十八歲時，為了能找到工作，他搬到叔叔和嬸嬸家裡住，他們住在一個小鎮上，他想在那兒也許比較容易找到

就業的機會。很遺憾，他的願望未能實現。這時他已快十九歲了，在孤獨和煩躁的情緒中他將大部分時間都花在看電視上。儘管他還很懷念足球，但他的心情太糟，已不想去參加當地的足球俱樂部。他低落的情緒使他變得整天無精打采，懶懶散散。他的叔叔和嬸嬸對此大為憤怒，直接了當要他離開。哈利覺得非常沮喪，回到家裡兩個星期後，便決定到倫敦去，繼續希望能找到工作。他還沒有意識到，沒有固定的住所將使他的計劃顯得更加困難。他成為首都裡大批無業遊民中的一分子。

哈利疲憊憔悴的外貌和頹廢消沈的情緒與他當年在學校裡馳騁球場的矯健身影幾乎沒有半點相像之處，當年人們都稱他為當代足球英雄。在那幾年歲月裡，他在體育方面的成就使他對自己充滿了上進心和良好的感覺。然而在失業的這幾年中，這一切都已消

失殆盡。

如在貝佛莉和哈利的例子中所顯示的，不順利的外在環境，確實會阻礙一個人成為擁有職業的正式員工並且會壓抑他的自尊心和奮鬥精神。

第三章

離家

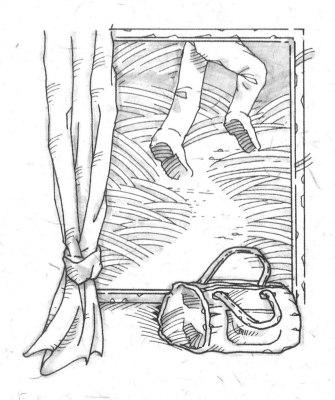

開始工作後，往往會使得青年人離開家庭獨自生活。與早年十來歲時突然地離家出走相比，這一年齡的離開家庭在涵義上通常有很大的不同，早年的離家往往是由於某種程度的不幸引發的。而到了年近二十時的揮別家庭，相反地倒是顯示了他們獨立自主的能力。

與其他青年人共同生活

有些職業訓練，比如像護士，會提供住宿，但大部分在離家頗遠的地方找到工作的青年人必須自己找地方住。每天在招待所或集體宿舍或任何其他集體住宿處與其他人生活在一起，往往會使自己漸漸瞭解到自己身上那些不怎麼令人喜愛的地方。這個年齡的青年女工開始不斷地搬進合住的公寓裡，理家的經驗和

經濟上的管理可能代表著走向自立的第一步。

　　雖然離家生活往往被人們看成是成長的進步和令人興奮的人生體驗，但並不是說它就沒有問題或令人擔憂之處。我們必須記住，即使是這一年齡的年輕人，也往往會有異想天開的念頭，他們身上依然存有孩子氣，他們會發現，與父母分居雖然很有誘惑力，卻是困難重重。就像蘿拉(Laura)後來所發現的一樣，父母親往往要比自己同齡的人能吃苦得多。

　　蘿拉今年十九歲，在學校讀書時家政學和家庭經濟學兩門功課很出色，現在她正努力要使自己成為一家連鎖商店的採購員。以前她對母親的一套家庭理財標準頗有微詞，她相信自己能比母親做得更好。她非常渴望住進合住公寓，但當與同住的女孩相處遭遇到一連串麻煩時，她感到大為困惑。她們同意她把貓帶進來，但是問題來了。同住的女孩子中有一個叫做莎

莉(Sally)，那天坐在電視機前喝茶，穿著一件時髦的黑色新套裝，正準備出去約會，突然勃然大怒，因為她發現裙子上沾有貓毛。她對著蘿拉大聲咒罵，說儘管蘿拉炫耀自己在管家理財方面的能耐，與人同住卻是一團糟，在貓將椅子弄得亂七八糟時，她連收拾也不收拾，又不洗貓的餐盤，弄得滿屋子都是貓食味。蘿拉覺得受到了嚴重傷害，甚至打算回到家裡去。不過這場衝突逐漸平靜下去之後，也使她從不愉快的人生

經驗中學到了不少東西。她必須面對這樣一個現實，必須承認自己不經過努力不可能自然而然地成為一個稱職的家庭主婦。也必須承認自己的身上還存在著小孩子氣，還理所當然地以為母親就在身邊，會幫自己清理乾淨。

成人的孩子氣

蘿拉的例子從好幾個方面使我們瞭解到，在這一年齡層的青年人中，可能依然存在孩子和成人因素的複雜混合體。蘿拉離家時所帶著的那隻毛絨絨的貓可能帶有一種抱在懷裡的心愛布娃娃的意味，不過已具有了重要的新因素。蘿拉的舉動顯示出她已開始進入了這樣一個階段，即希望照料一個活的生物，也許是為某一天當母親而作準備，但是對於這樣一項任務比較不吸引人且髒亂的方面要承擔起充分的責任，她依然覺得頗難勝任。要有這樣的能力，也許需要更長的時間。

就蘿拉想要離家獨立生活的願望而言，也有其兩面性。當她住進合住公寓的時候，她是充滿了熱情，不過當她受到了室友的指責後，她向同一工作單位裡最要好的朋友吐露了心中的煩惱，並且告訴朋友自己甚至想回家和父母親一起住。她說：「我如果想回去，我

家裡的臥房畢竟還留在那裡。」她也明白到，可以倚靠母親去做家事、購物和做飯這些日常瑣事時，生活是多麼地輕鬆。她並不是個不打掃的人，事實上她做事情都乾乾淨淨，但指望她跟在貓後面隨時都將貓所製造的髒亂收拾得乾乾淨淨，顯然會使她受不了。

這裡，蘿拉依然處於一種矛盾的狀態之中，一方面她覺得自己在經濟上已能自立了，而且已經有了一份工作，而在另一方面，她的心態尚未完全成熟，她希望事物都一帆風順，並且希望得到他人的照顧和關懷。

家人的反應

　　想要在宿舍或合住公寓裡得到自己的一塊小天地而離開家庭，與想要和一個伴侶建立起家庭而離家，這兩者在本質上是不同的。對上述這兩種不同的情形，父母親的反應也會是不一樣的。

　　當羅伊——在上一章裡提到的那位汽車修理工——告訴父母親，他打算與女朋友派翠(Patsy)一起搬到一間臥室兼起居室的套房去時，他的父母對此確實感到驚慌。他知道這對他們來說是一個打擊，因為在結婚前就與異性同居是違反他們的宗教信仰的。在他十六歲開始工作以後，就不再跟他們一同上教堂了，這

已經使他們感到很失望。一段時期以來，對他有時候

的整夜不歸，他們也就睜一隻眼閉一隻眼，有時候他

摔壞了機車，甚至喝醉了酒不能開車而待在朋友那裡，

他們也默默地接受了。他們儘可能避免公開的衝突，以

便在家裡保持和睦的氣氛。要是他們仔細想一想自己

的兒子曾經輕聲細語說上老半天的電話，還有在晚上

把臉刮得乾乾淨淨留下一股濃郁的香水味走出家門時

的諸般情景，羅伊的決定對他們的打擊也許就會小一

些了。

　　儘管羅伊在行為上已表現出了相當多的成年人的
特點，但他的身上似乎依然存在著小孩子的脾氣，他
非常討厭由別人來指點他該做什麼和該如何做。這使
得他與父母親初次談到離家問題時，覺得有點受到了
傷害。他堅決認為自己在經濟上已經獨立了，有時候
甚至已經能為家裡的生計作出一番貢獻。雖然他沒有
告訴父母親，但事實上他與派翠已經在討論建立一個
家庭還需多少時間的問題，在他們的心目中，結婚已
經不遠了。羅伊覺得自己已是一個堂堂無愧的成年人
了。他將父母親的憂慮看作是有意要破壞自己的生活。
我們在下面還將繼續探討羅伊和他父母親的關係。

第四章

選擇繼續求學

一個青年人決定繼續求學也會對家庭帶來影響。這樣的決定也許正合父母親的心意，但也有可能意味著背離家庭傳統。在羅伊的情形中我們已經看到了這樣一個例子。他在十六歲就決定離開正規的學校，而去參加技術訓練夜校，這樣的選擇在家中得到了贊同。而不同於家裡期望的決定也許會使父母親產生不同的反應。這種反應恐怕需要時間和耐心，才能達成妥協。

家人的期望與失望

簡妮在以優秀的成績完成了"A"級學業之後，決定進入一所商務學校去進修。這使她的父母感到有點失望，尤其是在他們的鼓勵下，簡妮一開始是選擇進大學的。雖然專業不同，她的父母親都是教師，他們

感到簡妮要是不上大學的話，就會失去重要的機會。在一次簡妮的父母家中的聖誕團聚上，這「家庭傳統」的話題就變得格外引人注目了。那次團聚，格萊迪姑媽和她的丈夫傑克 (Jack) 姑丈及他們家的一些人也在場。他們的兩個孩子早已在大學念書，弟弟亞列克斯 (Alex) 馬上也要進大學。作出適當的選擇和填寫有關的表格就成了那天談話的主題。格萊迪姑媽再一次說到，簡妮將成為家族中例外的一員時，使得簡妮和她的父母都顯得很尷尬。她的父母轉過來為她解圍了，他們強調說，她在商務學習上相當出色，不過到了後來，他們自己也感到有些失望。格萊迪姑媽不客氣地提醒他們說，不進大學破壞了家族的傳統，這使得簡妮父母的心裡更為難受。除了簡妮之外，那晚參加聖誕聚會的人不是大學畢業了便是將要從大學畢業。過了相當的一段時間，簡妮的父母親才充分意識到，女兒

的選擇對於她而言是一項明智的決定，這麼做是對的。簡妮終於覺得父母親已明白了孩子需要自己來下決定，這時她真有如釋重負的感覺。

尋找自己的人生道路

有時候，一個人要找到最適合於自己的人生道路，可能需要一定程度的不斷摸索。有些青年人覺得為自己的人生作抉擇並非一件易事，因而往往會簡單地跟隨父母的足跡，直到有一天，他們自己的人生閱歷使自己漸趨成熟，從而抉擇了自己的人生之路。簡妮一開始就明白了自己應該走什麼路，她的父母親後來也接受了女兒的抉擇是對的。瑪麗(Mary)就成熟得比較慢一些，起初她只是沿襲家裡的傳統，直到後來她才

開始清楚自己的愛好和特長，那時父母親也支持了她。

　　瑪麗是在高中畢業一年之後進大學的。這段時間裡她為一家致力於某第三世界國家兒童教育的機構服務。在她離開這家機構的時候寫信給父母親說，她對自己主修科目的選擇開始產生了另外一個想法。她最初之所以選擇攻讀英文，並不是對這一科目本身有什麼特殊的興趣，而是因為母親是這一科目畢業的。出於相同的原因，她報考了母親畢業的那所學院。然而

當她在國外待了一段時間、與條件困苦的外國兒童相接觸之後，她的興趣轉到了社會和政治學習上，顯然國外的這段經歷一直使她情緒難以平靜。與簡妮形成對比的是，她決定上大學是遵循了家庭傳統的標準，而且對此沒有產生什麼疑惑。但是在一個較為廣闊的社會環境中生活了一段時間後，她的內心產生了困惑和不安，這對她的成長是個不小的推動力，她選擇求學不再是為了繼承父母的傳統，而是獲得了另外一種意義，上大學主要是出於其本身的原因。這樣的選擇不僅出於理智上的興趣，而且也交雜著那段她為之動情的人生經歷。

然而，開始的時候瑪麗的大學生活並不輕鬆。在高中的時候她的成績很不錯，但是如今置身在一個充滿哲學和政治論爭的大學環境中，她覺得要弄懂那些新的、互相矛盾的概念很困難。瑪麗選擇現在的這門

學科，不僅是出於新的理智上的需求，更重要的是出於強有力的情感上的挑戰，這種欲求來自她在國外的那段經歷，這段經歷使她對所發生的社會和政治問題有了相當的瞭解。她決定不沿襲母親的足跡而試圖找到自己的人生之路，雖然這路途並不見得是一帆風順的。雖然有時她會缺乏安全感，但同時也慶幸自己正漸趨成為獨立的自我。可喜的是，父母親非常支持她。事實上，當初瑪麗選擇了與她母親相同的學科和學校時，他們就曾有所擔心，擔心這選擇是否出自女兒本身的意願，擔心這樣做是否會將她引導到一個預設好的模式中去。

改變人生的方向但保持與家庭的聯繫

康斯坦丁(Konstantinos)一家在英國已住了一段時期。他的父母親在孩提時代就來到了英國，他們都生活在一個人們彼此來往頗為密切的社區裡，在那裡彼此相識。他們一起在一家商店裡工作了很多年，最後買下了這家商店。康斯坦丁的父母為自己的成就感到很自豪，但要是康斯坦丁不想繼承家業的話，他們也從未使他感到難堪過。

康斯坦丁很喜歡學習，早年就表現出對科學的興趣，尤其是對醫學。與他同齡的一個堂兄弟患上了一

種重病，這種病在他們本國是很常見的。堂兄弟的母
親帶他上醫院去的時候，康斯坦丁也常常跟著去。他
第一次說想當醫生的時候，才十二或十三歲。長大以
後，才決定選擇學醫，而且他一直覺得父母親在背後
強有力地支持著自己。康斯坦丁的鄰居 —— 他們與他

來自同一個國家 —— 以前在談到自己當醫生的兒子
時，總是帶著某種炫耀的神情，但康斯坦丁感到父母
親支持自己報考醫科大學卻決不是為了光耀門楣。甚

至更為重要的是，他沒有感受到今後如果他在人生中獲得了優於他父母親的社會地位時父母親會妒嫉他。當他到了十八歲開始醫科學業時，已非常清楚自己希望專攻醫學的某個專科，這一專科與治療諸如他堂兄弟所患的病症有關。雖然為了上大學，康斯坦丁移居到了另外一座城市，但他總是從家裡帶些喜愛的食物去，並且常常回家度週末。他選擇了不同於父母的學業發展，決不意味著割斷了與自己生活背景的聯繫。他將父母親對他的美好期望牢記在心，一直感到有父母親在作他的後盾。不過當他以後在選擇伴侶時，他與父母親之間確實產生了問題,這我們待會兒會談到。

退學

年輕人也許沒有料到在離家求學時會遭到各種困難。在第七章中我們會談到濫用麻醉毒品差不多毀了安(Ann)的學業。鄧肯(Duncan)所遭遇到的困境使我們看到了一個因早年經歷而產生了無法擺脫的失落感而導致退學的例子。

鄧肯出生於蘇格蘭，那時候他的父母親還相當年輕，雙雙都還在念書。在鄧肯還很小的時候，他的父母到美國待了三年，以便取得高級資格證書。鄧肯——那時他還是唯一的孩子——便與他的外祖父母一起住在蘇格蘭地區的一個海島上。他的父母親只能偶爾

來看看他。在他們回來時，他說自己是多麼想念他們，可是父母親卻顯得無所謂，同樣，在他後來回家與父母親同住的時候，他說自己多麼想念外祖父母，父母親也反應冷淡。在父母親回到蘇格蘭不久，兩個妹妹出生了。所有的孩子都進了教學水準很高的學校。生活中的一連串的變化並沒有減弱鄧肯的學習能力，他的學習能力很強。他習慣了新的環境，在學校裡成績極為優異。他的父母為此感到很自豪，在學校老師的

支持下，他們鼓勵他去報考一所名校。後來他成功地考進了那所學校。他先休學一年，雖然起步晚一些，卻比他的同學減少了很多風險。他依然住在家裡，同時默默無聞地為本地的一家人權機構工作。

在鄧肯離開家到大學開始學習生活的最初那段日子裡，他是懷著幾分興奮和熱情的。但是沒過多久，他很快感覺到自己不習慣離開家庭在集體宿舍裡生活。當他說起至今只與父母親一起度假時，有個同學就取笑了他。以他在中學時的成績單和考試成績而言，他在大學裡的成績比人們所期望的要低。即使如此，一學期只有八星期，第一學期時他每星期都回家度週末。在這種情形下，他告訴父母說自己在大學裡很不開心，父母親聽後大吃一驚，同時也感到很失望，因為他沒能充分地把握住這一通常被公認為是極為難得的良機。

在回家過聖誕時，鄧肯更加明確地感覺到自己心

裡是多麼難受，但是直到新學期開始之前一週他才告訴父母親說，自己覺得已不能再回到學校裡去了。他的父母一直很欣賞兒子的潛力，並且充分相信他的能力，聽到這樣的話覺得簡直無法理解，他們的這個十九歲的兒子，以前在中學的時候表現這麼傑出，怎麼會害怕住在離家不過六個小時火車路程的另一個城市裡？他們強烈地感到要支持他回到大學裡去，他們甚至寫信給他的導師，請他務必為鄧肯保留學籍。在家裡的幾個月之中，鄧肯受到些必須回到學校的壓力，使他的情緒越來越低落。他也很孤獨，平時沈默寡言。

直到全家在復活節去看望外祖父母、大家一同翻看一些早年鄧肯與外祖父母共同生活的照片時，鄧肯才激動地淚如泉湧。直到這時候，他的父母親才意識到兩次分離──一次與父母、一次與外祖父母──對於孩提時代的鄧肯來說是多麼痛苦的事，如今要他再

一次從現在的家遷徙到大學所在的城市裡去又是多麼

地難以適應。對鄧肯來說，難以適應的困難並不在於

空間的距離上，而在於離家的經歷上，因為他早年已

經有過兩次離家的痛苦記憶，第一次是離開自己的家，

第二次是離開外祖父母的家。這時，全家人已能充分

體會到這幾次離家對於鄧肯所具有的特殊意義。在這

一家庭裡似乎早已形成了這樣一種文化傳統，即人活

著應當奮發向上，而遇到分離的痛苦時，應咬緊牙關

熬過去。

鄧肯的父母親後來同意他退學，這學年剩下的日子就不再去上課了。退學後他可轉到本地的大學去讀書。鄧肯知道了這一消息後，精神頓時開朗，情緒也逐漸好了起來，而且也願與別人交往了。顯然他的問題不是學習上的障礙。他在當地的大學裡表現非常優異。沒有任何想要退學的跡象。最後他成了學校裡的優等生。他的父母親情感也逐漸變得細膩豐富起來，越是這樣，他們也就越能體會兒子在離家問題上所產生的痛苦心情，明白了兒子原先要求退學的理由。以後在他的整個大學期間，他們再也沒有對兒子在離家問題上施加過任何壓力。

由上述康斯坦丁和鄧肯的例子，我們可以發現康斯坦丁的父母不得不打消任何希望兒子繼承他們所開創的店舖的念頭，但他們卻能為自己兒子的優秀才能

而大感自豪和欣慰。鄧肯的父母不得不打消期望兒子
進入明星大學的念頭，轉而來理解他心靈上的障礙，
而這些障礙至少部分是來自他早年經歷中所產生的失
落感。

第五章

愛情、性和伴侶

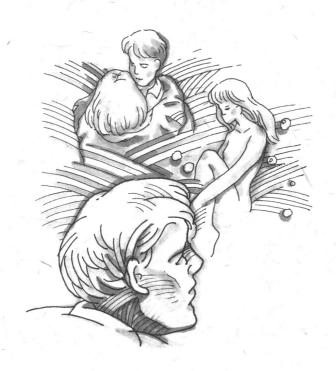

對年輕人來說，團體生活是非常重要的，不過在他們長到二十歲前後時，團體在生活中的中心位置也就逐漸削弱了。有些多年來在各種團體活動中互相結識的年輕人可能漸漸地離開活動圈子，而形成了關係更為密切的一對對伴侶。這一時期的這種關係意謂著從以團體的活動為生活主要內容的階段逐漸轉換成更為獨立的成人生活方式的過渡期。

在一種較為穩固的關係形成之前，會發生某些嘗

試性的男女交往，有時這種交往依然在團體的活動中進行。即使這種戀愛關係並不是永遠地持續下去，但它會大大增進男女雙方在以後擇偶交往中的能力。

年輕人在找到自己中意的伴侶之前，可能需要好幾次戀愛經歷，對於這一現象如今很多家長都已經可以接受了。在二十歲之前，很少有人能建立起深厚的、持續長久的戀愛關係。然而還是有些家長，像我們在前兩章裡提到的羅伊的父母，認為在結婚之前就發生性關係是錯誤的。

父母親在青年人的心目中會形成某種形象。這可能是他們所熱愛和崇敬的，也可能是他們不怎麼喜歡的甚至是蔑視的。這樣的形象將會影響到青年人在選擇自己伴侶時所希冀的形象。要是自己的孩子選擇了一個在生活習性上與自己大相逕庭的伴侶時，有些家長可能會非常生氣。羅伊決定與派翠同居並不是為了

氣惱父母，但他們認為婚前即可有性關係的觀點確實使家庭關係變得複雜起來。

亂交

偶然的交往，包括各種短期同居、草率的性交媾等，實在是太雜亂了，很難稱之為關係。這種亂交的

行為可能是為了試圖避免在一場真正的戀愛中可能遭受的失戀痛苦。這樣的恐懼有時會持續到他們以後的人生中。在亂交被視為一項特殊的問題時，如果父母親能夠與孩子坦誠地談一談，不要對他們的行為進行嚴厲的批評，而是表示父母對此的嚴重關切，這樣做也許能證實是非常有益的。

交往深入的關係

這一年齡層的青年人正進入成年的階段，並且有可能為人父母。當一對青年男女的關係變得比較嚴肅的時候，就可能為想當父母的願望種子提供一片生長的土地。有的青年男女還不願意走進這一階段。即使在關係的早期形態，倘若男女雙方中有一方並沒有想

做父母的想法，那麼麻煩就會產生，正在發展中的關係有可能會崩裂。

在十八、九歲的時候，裘迪思(Judith)在一個政治色彩非常濃厚的團體裡與好幾個男孩來往，雖然並沒有與哪一個男孩有特殊的關係。到了二十歲時，她深深愛上了一個男孩，社會學系的學生丹尼爾(Daniel)，深切地感到自己已離不開他。週末的時候，她父母來大學看望她，她問他們可否帶丹尼爾一起來吃午飯。她父母感到很高興，但他們很小心，沒有提及任何會使兩位年輕人感到窘迫的問題，也不表露出希望他們倆將關係確定下來的願望。暑假裡，裘迪思和丹尼爾一起到歐洲去旅行，並去看望了丹尼爾在法國的一些親戚。兩位年輕人對彼此間的關係顯然感到非常滿意，他們可以將各自的伴侶介紹給自己的家人。這樣穩定的關係持續了一年左右以後，裘迪思想把這關係再往前

推進一步，她想在這長期交往的基礎上與丹尼爾一起建立一個家庭。這一提議使丹尼爾大感驚訝，那時他已決定申請延長在國外的學習，他明確地表示希望解除與裴迪思之間的關係。因此，裴迪思一下子垮掉了。她將這事訴說給朋友聽，當然，也流著眼淚打電話告訴了母親，母親勸她回家住幾天。於是她就回家了。

這時裴迪思的母親很清楚，對於處於此一境地的這個二十歲的女兒來說，需要像對待一個小女孩似地照料她。裴迪思反過來對她父母親的這種關懷覺得非常感激。細心的關懷和照料，而不是那種好管閒事式的關心，使她受傷的心靈得到了撫慰，內心重新泛起一種溫馨和慈愛的情感。原先她感到情緒煩亂，彷彿破碎似的，如今她確實感到「癒合」多了。

看來，裴迪思和丹尼爾的關係是自然地發展到做愛的階段。按照「做愛」的詞語本義，這個詞往往意

味著增長愛的數量，而這種愛是可以隨意施加在別人身上的，而對裴迪思來說，這促使她產生了建立家庭生活的想法，但是丹尼爾卻沒有同樣的願望。

羅伊很受女孩子的喜歡，在他遇見派翠之前，已經和好幾個女孩發生過性關係。雖然他感到父母親的宗教信仰過於嚴謹，而且他早已不上教堂了，但家庭的價值觀對他依然很重要。他想與派翠建立家庭的願

望是基於他們之間穩定的戀愛關係，這種關係在最後

非常有可能發展為婚姻，這自然使他的家人感到很高興。養育一個嬰兒對丹尼爾是一件令人生畏的難事，而羅伊和派翠卻在大部分的時間裡談論著他們該在什麼時候建立一個家庭。在他們結婚後不久，派翠就懷孕了，兩個人都感到很高興。

同性戀和偏見

在十三、四歲的時候，同性之間常常會產生吸引力，這是很常見的，人們也藉此認識到了自己個性上的男性特質和女性特質。通常要到十八至二十歲的時候，人們才能清楚地知道自己的性愛傾向。年輕的男同性戀者或女同性戀者所曾有過的害怕往往來自於人們對他們的歧視和對同性戀的憎惡情緒，這些是他們

在非同性戀的社會中可能會碰到的。

　　儘管羅伊打算在婚前就與女孩同居的想法使他的
父母非常吃驚，他放棄家庭的宗教信仰行為使他的父
母深感失望，但他仍然未能免除傳統的偏見，並且這
偏見會使他本人也驚嚇不已。他對於性的定位有著非
常堅定的看法。有一次，他一個中學裡的老同學約翰
(John)——這個約翰在國內的另一個地方工作——到
他和派翠所居住的公寓裡來看望他們，他告訴他倆他
也有個家庭，並且提及他的伴侶是個小伙子。他說，自
從上回見過羅伊之後，他就開始了同性戀，他的父母
經過一番掙扎之後，已經接受了他是同性戀的事實。羅
伊聽後大感驚訝，約翰看出了這點之後覺得受到了很
大的傷害。儘管羅伊對此盡可能不發表看法，但從他
的神情中可明顯看出他的内心情感。派翠注意到羅伊
有意不請約翰來當他婚禮上的男儐相。

約翰離開之後，派翠和羅伊談起了這件事。對約翰的同性戀故事，派翠沒有什麼反感。羅伊表示不可能讓一個同性戀者來出任男儐相，在這一點上他的態度堅定不移。派翠聽後感到十分吃驚。兩人之間展開了一場激烈的爭論。派翠試圖勸羅伊改變主意，她提醒他說，他曾經告訴她約翰在婚禮上會發表一席非常精采的致辭，因為他非常富有表達能力，會講各種有趣的故事，敘述孩童時的往事。這場爭論並沒有說服羅伊，他反駁說他可以很容易就找到一位更好的男儐相。於是派翠以一種諷刺的口吻又說，約翰也許會提到太多的童年往事。派翠敘述了羅伊曾告訴她的一些往事，在讀中學一年級時，就像這一年齡的很多男孩一樣，他曾和班裡的男同學——包括約翰——一起玩各種各樣的性遊戲和性探究活動。

儘管派翠也頗討厭約翰的行為，但她依然能以相

當詼諧的語調來喚起羅伊的記憶和情感，而不使他覺得別人在數落自己。雖然還帶點偏激，但羅伊已能回想起早年約翰和他自己的一些同性戀式的經歷。由於派翠的努力，最後還是請了約翰來擔任婚禮的男儐相。

　　現在我們回過頭來看看約翰是如何描述其父母是怎樣接受了他的同性戀行為的：經過了一番掙扎。其中一個重要原因是約翰剛好是家裡唯一的孩子，他的父母擔心以後他們做不了爺爺奶奶。與對同性戀行為的憎惡相比，這一點恐怕是引起他們思想掙扎的深層因素。

第六章

不同的休閒方式

　　閒暇意指一個人能選擇做任何活動、或不做任何活動的時間。青年人對這一自由時間的解釋各不相同。對大部分青年人來說，不管是在工作還是在學習，在一週平時的活動和週末的活動之間有一個自然的分界。而對那些不幸失業的青年人來說，則沒有這樣一個自然的分界。

　　在本書中，我們經常述及青年人為探尋自己今後發展的明確方向而選擇了不同的人生之路。現在我們

來看一下他們如何度過自己的休閒時間。在使用自由時間的活動上，大致有兩種不同的性質。一種是促使自己的個性更趨完整、明確，另一種則是使本已頗為完整的個性遭到肢解和分離。我們在下一章討論第二種類型的活動。在這一章裡我們來探討一下休閒活動在一個年輕人走向成熟的過程中何以能產生一些重要的催化作用，比如像妒嫉心漸趨淡化，敬仰或羨慕之心漸趨強烈。

將休閒視為一種改變和發展自我的途徑

東尼(Tony)的父親非常善於製作和修理各種東

西。他對自家的房子作了很多的整修工作，業餘時間喜好製作家具。東尼在十四、五歲的時候，青春期的反抗情緒頗為明顯，對他父親的行為經常加以嘲笑。他常常說：「爸，你怎麼這樣度週末呀！為什麼還想修那張舊咖啡桌的桌面，而不去買張新的？我們沒那麼窮。」他甚至像個小大人似地教育父親，他說有很多事情比修補房子更有意思。「媽媽難道不想出去到海濱度週末嗎？」這種頗為自以為是的心態顯示出他有點瞧不起母親，因為母親對於海濱休假沒有什麼特別的興趣，她經常誇獎丈夫的技藝，這技藝給他帶來了不少樂趣。然而東尼對此很不以為然，他堅信，待到自己長大後，自己一定能做個比他爸爸了不起的丈夫。

東尼的想法慢慢地產生了變化。有一件小事顯示出他對父親才能的看法有了改變。有天晚上，東尼的女朋友莫琳（Maureen）來訪，談話中說起她項鏈的搭鈎

斷了，那項鏈原來是她祖母的，如果拿到外面去修的話，一方面不一定修得好，一方面也很貴，因為那已是件古董了。東尼的父親說也許他可以試一下，結果他真的用工具修好了斷落搭鉤中的彈簧。

以前東尼總是要他父親做一個像樣的男人，做一個了不得的丈夫，從這些教訓人式的口吻中，人們也許不僅可以感到某種對立的情緒，而且可以感到一種妒忌的意識。對於年少的東尼來說，父親擁有嫻熟的

技藝，而他卻沒有，這使他非常難堪。只有當這種妒忌逐漸為欽佩的意識所壓倒時，他才可能學會這樣的技藝。當他的父親修好了莫琳的項鏈搭鉤時，東尼心頭確實湧上了一股欽佩之情。不久以後，有一次東尼的一套立體音響出了毛病，以前他總是想當然地把它拿到外面的店裡去修，這次他卻求他父親能否教他修一下。這樣的態度連他自己也感到驚訝。他發現自己在製作和修理東西方面也很靈巧。在他比較小的時候，他曾在一個由夥伴們組成的樂隊中擔任鼓手。他在家中練習擊鼓的時候毫無顧忌，往往要使他的父母親付出極大的忍耐力。好幾次他將聲音弄得震耳欲聾，與其說他是在滿足於音樂的演奏，不如說他更得意於自己的這種挑釁行為。在樂隊中他一直未能成為一個中心人物，但當隊裡的夥伴們得知他有一雙靈巧的手時，便常常求他修理各種樂器設備，這樣他在樂隊的音樂

活動中就成了一個不可缺少的人物了。輕輕鬆鬆地操弄各種電線和擴音設備已成了他的一種更為有趣的休閒方式。

　　看來，東尼已經體會到了他父親從修理東西的才能中所獲得的樂趣。他現在對此已不再是看不起，而是崇敬和羨慕。欽佩戰勝了妒忌。這意謂著一個人走向成熟發展的開始。這不但使他充分認識了自己，也提高了他從閒暇中來獲得樂趣的才能。他青春期時的對抗情緒也逐漸消退，開始漸漸成熟起來了。

開車休閒

　　從早年十二、三歲時的騎自行車到後來的騎機車甚至開汽車，這一變化過程對很多年輕人的空餘時間

來說可能產生很大的影響。羅伊在中學畢業時就存下錢來買了一輛機車。有些人家的汽車修理就在自己的屋外進行，於是，機車對他來說既是用來休閒的，也是用來工作的。對很多年輕人來說，擁有一輛汽車或機車往往會被看作是很有能耐和很光彩的，是一種地

位的象徵。對任何一個年輕人而言，第一次獲得這樣一輛車往往具有不同尋常的意義，羅伊的幾個熟人便有這樣的感覺。不過，雖然羅伊買機車的那一天對他

來說毫無疑問是非常重要的日子，但他似乎並不需要憑藉這個外在物來提高自己男子漢的自信心。

　　而對於盧克(Luke)來說，情形就大不一樣了。在他法律上剛剛夠資格騎車——甚至年齡還未到一點——的時候，就迫不及待地借他哥哥的機車騎出去。只有借助了這種充滿了驅動力的外在物的支撐，他才對自己的能力具有充分的自信心。事實上，直到他自己非常自豪地有了一輛機車，他才有勇氣邀請女孩子和自己一起出去。到了十九歲時，他常去酒館打撞球，並常和一個叫格羅莉婭(Gloria)的吧女閒聊，格羅莉婭很年輕，風姿綽約，他和夥伴們都很喜歡她。她知道盧克有一輛機車，於是便用一種煽情的語氣對他說，待他自己有了一輛汽車時，下班後他可以帶她出去兜風，因為她不喜歡戴上安全帽，而且怕被寒風凍壞。盧克把這句玩笑話當真了，於是便請求父親——他第一次

用這樣禮貌的口吻——能否在星期六晚上把車借他用一下。他父親口氣堅定地告訴他，家裡的車沒有為他保過險，他還是去騎自己的機車。盧克一下子生氣了，大聲咒罵地說，在他的名分上再加一份保險，錢由他自己來出，只要打個電話就行了，這點他父親馬上就可以辦到。他還說，他父母親從不出去。這句話不是事實。盧克的話語中還流露出，星期六晚上他比父母親有優先的外出權，他可以自己去尋歡作樂。這句話惹怒了他父親。十幾歲的孩子常常會明確地向父母親表示，他們壟斷了性的市場，而屬於父母親的性的時代已經過去，必須將位置讓出來給年輕人。遇到這種情形，試圖理解和忍受這種咄咄逼人的挑戰性言詞要比訓斥痛罵他們一頓難做到得多。

　　這樣可能帶來某種風險，盧克和父親之間的這種爭吵會愈演愈烈，最後雙方互相怨恨，再也恢復不了

以前的正常關係。那時一個年輕人也許會帶著非常痛苦的心情怒氣沖沖地「呯」地一聲關上大門離家出走。父母親為避免產生衝突和對抗而屈從於孩子們的壓力，這也不是解決問題的辦法。而在另一方面，在被孩子們的言詞惹怒的那一瞬間，要保持足夠的冷靜而避免發怒，也絕非容易的事。父母親們也許不得不努力來堅持這樣一種說法，這說法首先要使自己信服，同時也要使自己的兒子或女兒信服，即休閒享樂需要兩代人共同參與，而不是彼此排斥另一方。

盧克迫不及待地想用擁有汽車來表現出自己的男子氣概，這說明了他實在缺乏自尊自信。和東尼不一樣，他未能在自己的心目中樹立起令人崇敬的父親形象，而是仍與他處於一種非常對立的狀態之中。這顯示出，東尼已具有了學習他所崇敬的父親的能力，與此相比，盧克則只能借助外在的力量來獲得自己的滿

足。

閒暇的興趣與個性發展的關係

　　艾麗森(Alison)是位十八歲的女孩。她從小就與兄弟姐妹一起，由她喜愛登山的父母親帶著翻山越嶺，在山林溪谷裡悠遊來去，感到非常開心。在進行這些野外活動時，全家人並不總是死板地按照地圖上指定的路線，而是常常能自己找到抵達目的地的有趣路徑。這使艾麗森對大自然產生了濃厚的興趣，在好幾項A等的考試成績中，有一門就是植物學。在她十幾歲時，還參加了健行活動小組。雖然她的閒暇時間過得非常快活和充實，並在與大自然的接觸中獲得了很大的樂趣，但在她的心頭縈繞著這樣一絲疑問：在這些野外活動

中，我是不是真的只是在沿襲著父母的足跡？這樣的想法好幾次使她的戶外遠足變得索然無味。她花了那麼多時間來參加這類活動，是不是實現了她自己的個性和能力？要明白這一點，她覺得必須得有勇氣去參加一個登山者協會。於是她與男朋友一起在週末志願參加了在蘇格蘭和威爾斯地區進行的登山活動，雖然這具有一定的危險性。

這一段帶有冒險衝動色彩的時期不久便過去了，它的緣起，主要是艾麗森想藉此來驗證一下參加這樣的野外活動是否真的出自她內在的本性，她想藉此來瞭解自己這麼做並不只是簡單地跟從父母親的喜好，或者，從另一方面來說，她想藉此雄心勃勃地超越父母親的成就。到了快二十歲的時候，她似乎已努力解開了這些疑團，使得她經歷了一段冒險而帶有刺激的時期。至此，熱愛大自然，同時又充滿了一種冒險精神，

已逐漸成了她性格中的一個組成要素。她對大自然的
興趣已與她廣泛的興趣愛好融和在一起，比如說，她
喜歡參加為保護環境而發起的健行活動。

第七章

值得關心的種種原由：反社會活動

從孩提時代轉換到成人時代的過渡期似乎並不是沿著直線行進或是向前滑行的。既然在這段時期裡人會逐漸形成自己個人的是非標準，那麼這其間自然也曾有過在是與非方面產生困惑迷惘的時候。在十二、三歲或者十四、五歲的時候，一個人也許曾經歷過偷偷服用麻醉藥品、酗酒、調皮搗蛋或犯過一些小罪小錯。雖然我們在前面曾經談到，十八歲到二十歲之間的年輕人一般來說會越來越少地參加群體性的活動，但事情並不總是這樣。一個群體可能依然存在下去，並可能演變成一個反社會的幫派，或者年輕人之間可能結成幫會或同盟的形式，這將引導他們走上危險的道路。

在這一章裡我們來看一下另一類青年人，他們的行為帶來了潛在非常嚴重的社會後果。所幸的是，並不是所有的青少年都使他們的父母親遭受如此嚴重的負擔。盧克請求父親讓他用一下那輛寶貴的汽車，這

樣他就可以帶格羅莉婭出去兜風。在言語中他表達了
這樣的想法，即對某些物品他也有暫時的所有權。雖
然他當時有些狂妄自大，內心不快，但他至少是請求
使用家裡的汽車，而不是去偷車。想法完全不同的頭
腦會導引出不同的行為，比如開著別人的車驅車兜風，
或是非法盜取並把車開走，隨之便將其丟棄，有時丟
棄時車已被毀壞，而在某些場合則會導致更為嚴重的
後果。有些年輕人可能得到一輛「高級車」，藉此他們

感到了某種成年人的尊榮，當然，車是偷來的，並非他們自己的。這樣的「驅車兜風」往往會帶來極大不幸。很多這類竊車、盜車的事例發生在十四、五歲左右，但也有可能一直持續到十八、九歲。

犯錯行為和缺乏溫暖的環境

蓋瑞(Gary)是家裡第四個男孩。在他兩歲的時候，第五個孩子出生了。生產以後，母親便神情沮喪，不大有精力來照顧蓋瑞。蓋瑞逐漸對父母親產生了怨恨的情緒，不幸的是，雖然歲月流逝，這情緒卻並未因此而減弱。與父母之間的缺乏信任使得他很難與老師建立起良好和睦的關係。蓋瑞的偏差行為並不是開始於偷竊汽車。他好像對一切藐視權威的行為都很有興

趣，比如他十一歲時就在學校的廁所裡抽菸。一開始是為了買香菸，後來是買麻醉毒品，他常常從母親的錢包裡偷錢或是偷他兄長的錢，他有幾個哥哥已經在工作了。不幸的是，蓋瑞的家庭和他的學校之間缺乏充分的溝通和聯繫，這些警告信號未被引起足夠的重視，不然的話，蓋瑞可能不至於繼續墮落下去。

中學畢業以後，蓋瑞已經生活在一個烏煙瘴氣的世界裡了。漸漸地，他從抽吸的麻醉毒品轉到了毒性更烈的麻醉品。十八歲時，他和一個同伴因試圖偷竊汽車而被捕。經辦的實習警官是個很聰明的人，他敏銳地察覺到了蓋瑞的困境和內心的孤獨寂寞，試圖與他交談並瞭解他嗜用麻醉毒品的問題。實習警官心裡很清楚，在蓋瑞未戒除毒癮之前，他是無法幫助他改掉偷竊毛病的。最後終於說服了蓋瑞去接受戒毒治療，並找到了一家接受他的戒毒治療中心。

酒和毒品的吸引力：一個錯誤的
解決方式

一個人不再像孩提時代那樣全盤接受父母親的是

非標準，而力圖以自己的頭腦去判斷對和錯，這是人

成長過程中的一個部分。這與試圖要加強自己的獨立意識是相關聯的。這可能是一個充滿了坎坷的過程，有些人在遭遇到挫折和困難時不是積極地思考去解決，而往往是借助酗酒和服用麻醉毒品來忘卻。麻醉毒品不僅能使人暫時擺脫憂慮和煩惱，而且能使人感到暫時的快樂。軟性毒品，比如像大麻，可能具有某種與酒精相似的醉人作用。當一個人在酒酣耳熱的沈醉之際或是因服用麻醉毒品而變得「神情木然」的時候，只要這種酒性和藥性還在作用，便會體驗到某種飄然欲仙的愉悅，但由此服飲的程度會越來越厲害，越陷越深。

像迷幻藥和海洛因這類毒品的有害性已是家喻戶曉。在很多場合，只是青少年恐怕還不瞭解迷幻藥究竟有多危險。服用不當可能使人產生非常恐懼的情感，使人精神崩潰和導致人精神失常。為幫助人們戒除毒

癮，需要有專門的治療機構，比如像上文提及的蓋瑞及我們下面要談到的安所需要的機構。

就像在其他的反社會行為中所表現出來的一樣，來自幫派的壓力，將嚴重阻礙青少年在成長的過程中真正建立起自己的個性和獨立意識。

嗜用麻醉藥品可能成為某些學生生活內容的一部分。有時候它還成了大學中為慶賀某一階段學習結束儀式的一部分，特別是在對付考試的苦讀階段過去之後，吸毒成了一種放鬆的方式，它還被人們描繪為「心靈的逃幻」。

安在上大學，她有很多時間是與一群年輕人一起度過的，這幫人已深深染上了酒癮和毒癮。在許多週末，不過特別是在考試完了之後，她常和那夥朋友不分日夜地豪飲濫喝，上一場酒還未醒下一場酒又開始了，同時還任意地服用麻醉毒品，有時被稱之為「團

體服用品」，比如像叫作脫氧麻黃鹼與奮劑和叫作「靈
魂出竅」的迷幻藥。這種情形經常發生在眾人相聚的
場合，其目的就是要追求一種醉後的恍惚感覺，忘掉
累人的功課，不僅要在實際的工作之後求得一種休息，
而且要拋棄思考本身。

　　雖然安所上的那所大學離她的家鄉相當近，但她
不常回家過週末。不過在給父母親打電話時她有時會
說到週末她打算與某個男孩離開學校到外面去，而這
些男孩常常都在換。不言而喻，這使她的父母親非常
憂慮。他們明確地向安表示了不贊同她這麼做的想法，
但安卻對此不屑一顧，有一段時期，甚至在寒暑假她
也很少回家。安的行為有些極端。她一意孤行。原先
她內心也曾朦朦朧朧地想過，自己究竟想成為怎樣的
一種人，自己想要走怎樣的人生道路，但在她亂交異
性朋友和經歷了吸毒之後，她已經無法對上述的問題

進行認真的思考，也不知如何來對待。在學習上她有時候表現得還可以，但她覺得成績越來越不穩定，甚至想到要退學。放棄大學生活的想法對她的父母及家族的價值觀似乎是一個打擊。事實上，她越來越感到苦惱，因為在內心深處她感覺到，在不知不覺中她已毀掉了與父母之間的良好關係。總而言之，她感到非常煩躁和困惑。於是她耽溺於酒精和毒品，結交了一群狐群狗黨，而飲酒吸毒顯然只能使她獲得暫時的解

脫。她想到了退學，她把這個念頭告訴了她的個人指導老師，那老師竭力勸她去找大學的輔導員商討一下。

安的內心痛苦的原因在於她無法找到真正的自我和自己的人生觀、價值觀，在這樣的情況下，找一位既不屬於她家庭，也不屬於她夥伴圈的人來商談一下，對她是大有幫助的。與大學輔導員的交談使得安開始認識到自己正面臨著從稚嫩的少女轉變成成熟的大人的不穩定階段。與飄浮在半空中的感覺不同，在有了一種被人理解的感覺之後，她的迷惘和失落感便減輕了不少。她開始對瞭解自己產生了興趣，從他人的勸導中獲得了很多幫助。

與輔導員的商談幫助安認真思考了自己的內心痛苦，其後，她無節制的生活方式漸漸變得有秩序和正常化。她與父母親的關係也有了很大的改善。安開始較為固定地與一名男孩外出，彼此既感到了一種肉體

上的吸引力,同時在精神上也有某些志同道合的滿足,
兩個人的關係似乎要比所有以前的異性都要深得多。安
原先一直生活在一個沒有男人的世界裡,至今也還沒
有找到自己參考的模式,但很顯然,她不喜歡自己父
母親的那種模式。

第八章

飲食失調與抑鬱症

飲食失調

　　年輕人往往很注重外表和體型，特別是當他們的
性開始發育和他們的外貌經歷著重大變化的時候。在
飲食失調的問題上，女孩子要比男孩子嚴重得多。一

個極度節食的十八歲女孩也許在她月經初潮和體型剛剛開始發生變化的時候就憂心忡忡了。舉個例子來說，一個十二、三歲的女孩曾說過這樣的話：「不知不覺中我的身體像變了個樣似的」。因拒絕進食而造成的體重嚴重減輕也導致了停經問題的產生，這並不是偶然的。毫無疑問，這些現象的產生自有其生理上的原因，但從他們想遏止自己的性發育這一方面來探討也是很有意義的。飲食失調，特別是到了非常嚴重的時候，會引起令人不安的嚴重後果，包括死亡的危險。這需要去尋求醫治和其他專業性的幫助。這症狀本身是少男少女們憂心忡忡的焦慮和不安的結果，這種憂慮甚至會像傳染病似地在同齡人中散播開來。然而，有一部分的憂慮大都是由父母親、親戚、朋友、有時候是治療專家帶來的，而很少是由女孩子自己產生的。

一個由外在影響引起的內在問題

芭芭拉(Barbara)是個十八歲的女孩，正在讀A級課程的最後一年。她在嬰兒時很難餵養。她三歲時，小弟弟出生了，這時候她產生了很多古怪的念頭，她開始拒絕吃以前喜愛的食物，大概有一年左右，她只能吃做成流體的東西。

在芭芭拉開始上學的那段日子裡，她父母親離異了。她和母親一起生活，不過常去看她父親。到快要發育期時她吃東西依然很挑食，在十二至十三歲期間，她差不多發展到了完全不進食的地步。就在她從第一階段的厭食症中恢復過來的時候，她月經初潮來了。她

不僅在學校裡各方面表現都很不錯，而且對烹飪也很有興趣，她喜歡幫著做菜做飯，雖然她自己只吃一小部分。

在她中學六年級第二學年的第二學期，她的厭食症又犯了，而且症狀很嚴重。她已完全不和家人一起進餐。她非常注意進出的平衡，吃一點點食物，她就要做大量的運動來使其消耗掉,這樣體重就不會增加。事實上她的體重在急劇下降。對這一現象的主要擔憂

似乎來自她的父母，而芭芭拉自己則熱切地關注著不要太胖。芭芭拉的年級裡有越來越多的女孩子熱衷於體重、進食和體型身材，這使芭芭拉的英文老師——她同時也是這一年級的負責人——非常擔心。這場風潮是由一個叫南茜(Nancy)的女孩子引起的，她曾把自己弄得非常瘦，而當她班裡的女孩子都在紛紛熱衷於節食和減肥的時候，她卻又恢復體重了。這個年級的某些特定的人要比其他人更容易陷入這一類的憂慮中。

芭芭拉的父母親雖然離婚了，不過依然很關心自己的孩子。六年級的學生在英文A級考試之前排演了莎士比亞的一齣戲劇，以作為這次考試的一部分預習。芭芭拉的母親和父親雙雙都來觀看了這場表演，並且有機會與其他一些熱衷於節食的學生的家長交談，大家都對此感到焦憂不安。這時他們才瞭解到厭食症似

乎正在六年級中的一小部分人之間傳染開來。在談話中，有一對夫婦提到了他們從自己的醫生那裡獲得了非常有益的知識，根據醫生的指導，他們的女兒開始了心理醫療法。由於芭芭拉的體重已降到了差不多警戒標準，她的父母決定也採取同樣的步驟，並向自己的醫生進行了諮詢。芭芭拉一開始對治療並不熱衷，藉口說課業很忙，沒有時間。後來在父母親的勸說下，她漸漸地願意去接受幾次醫生的諮詢，最後參加了心理治療，之後她意識到了自己潛在的危險，並且懂得如何來解決。

痛苦難忘的外部環境衝擊

馬可士(Marcus)，今年二十歲，以一個難民的身

分從他飽經苦難的祖國來到了倫敦。他和母親一起來到這裡，在內戰的悲慘環境中他失去了父親和兄弟。在自己國家的時候，食物嚴重短缺，剛到英國時，他的體重遠遠不到正常標準。他開始吃大量容易到手的食物，比如像穀類食品，餅乾和巧克力。他和母親是和

其他很多難民一起來到這裡的。相當幸運的是，在當地為災禍的受難者組織了一個團體，試圖探討他們以往痛苦的經歷。在該團體舉行的一次會議上，討論了

青少年該如何對待他們在早年的生活中所留下的難以忍受的痛苦記憶這一問題。會上，瑪麗亞(Maria)以一種單調平板的聲音說：「我有一個很好的辦法：就是猛吃猛喝一頓之後，再大吐一場。」一個十九歲氣呼呼的年輕人立即毫不客氣地把她的話頂了回去：「誰都知道只有女孩才會把腦袋湊在抽水馬桶上。」此時馬可士坐在瑪麗亞的旁邊，在她講述自己的症狀時，他饒有興趣地瞧著她，並感到十分驚訝，他鼓足了勇氣說，自從離開祖國之後，他自己也曾大吃大喝並嘔吐過。他這段話差一點被另一個女孩打斷，她感到這一現象事實上是很難加以抑制的，她對他們的這些經歷有了認真的思考。她似乎只想把這場討論的焦點引到無節制的猛吃猛喝上，而忽視了隨之而來的積食嘔吐。她說：「是的，我們到了一個有食物的地方後都拚命地吃，因為我們在自己的國家裡都已餓了好幾個月了。」

事情到這裡也許就可以打住了，但該小組的負責人卻能促使年輕人思考一下，馬可士和瑪麗亞所描述的症狀和他們原先痛苦的經歷有著怎樣的關係。狼吞虎嚥、貪婪地吃喝看來是他們長期壓抑著的焦慮、空虛、失落這些情感的渲洩和迸發。而另一方面，嘔吐，則是與這些年輕人曾經有過名符其實且難以消化的經歷有關，至少是部分地有關。這些以往的經歷一直沈重地壓在他們心裡，而大吐一場則可以使他們忘卻這過去的一切；換句話說，這是無形的內心狀態外化成了有形的身體狀態。

這後面的幾個例子涉及到了外部經歷；不過，就如芭芭拉的例子所示，飲食失調的發生也可能純粹是由內心的不安和憂慮引起的。而在更多的情況，這類問題的產生往往是由外部和內部的因素交織在一起所造成的。表現為狼吞虎嚥和積食嘔吐的食欲過盛症，並

不總是與上文所述的這類造成精神創傷的外部環境聯繫在一起的。然而這樣的症狀常常與一連串尚未解決的苦惱和憂慮有關。

抑鬱症：逐漸起侵蝕作用的外在因素

對抑鬱症的症狀表現可能有各式各樣的描述。其特徵是對生活倦怠消沈的態度，包括在總體上缺乏積極主動的精神和生氣勃勃的活力。在其背後，通常會有較為顯著的外部和內部的因素，或是這兩種因素大量地交織在一起。

艾侖(Alan)是個十九歲的小伙子，中學畢業時考試成績非常糟，不過他並不打算依靠畢業成績來進入任何其他學校。他未能進入職業培訓中心，也沒找到任何工作。通常他總是起得很晚，雖然他的母親確實費力地想使他和家人一起吃早飯。大部分時間他都在看電視，主要是體育節目，要是身邊有份報紙，他有時也會拿來看一下。他把社會救濟金大量地花在抽菸上。他的父親原先是位礦工，最近因人工過剩遭到了裁員，於是與一位原先的同事一起，一半是由於技術出色一半是由於運氣好，開了一家小工廠，需要一些

勞力工人。他父親費了不少力氣才說服了艾侖來幫他的忙，因為艾侖已變得非常頹唐消沈。要擺脫這種低落的情緒和死氣沈沈的精神狀態，艾侖不但需要改變一下外部的環境，同時也需要來自他父親溫暖而有力的鼓勵。他的社交活動非常少，顯得很孤獨，因為他哥哥結婚後就住到別處去了。就像第二章所述及的貝佛莉一樣，擺脫失業狀態對於轉變他的心境是一個重要的因素。一旦他自己賺了錢以後，他覺得晚間出去

與其他年輕人交往變得輕鬆得多。他還適時地交到了一位戀人，這使得他逐漸從以往低落的情緒中脫身而出，彷彿像換了個人似的。到了二十歲時，他的人生中已充滿了光明。就艾侖而言，外部的因素是很重要的，這不僅是他心境變壞的原因，而且也是他精神振作起來的契機。現在我們再來舉一個情緒抑鬱另一種類型的例子，這一類型看來更加與內心的痛苦和悲傷有關。

內在因素

伊娃(Eva)是個十九歲的女孩，她來到了英格蘭的一個小鎮上與邁克 (Michael) 和朱麗亞‧史密斯 (Julia Smith) 及他們的三個孩子住在一起，兼做點家庭教師和家務的工作，同時寄宿在這裡。史密斯一家是個友

善和睦的家庭。邁克在當地開了一家錄影帶出租店，朱麗亞則接一些郵購訂單，自己設計和縫製童裝。史密斯一家都感到了伊娃總是一臉悶悶不樂的神情，一開始他們還以為她是在想家。不過事實證明並不是這麼回事，因為在她談到家鄉和家人情形的時候，差不多從未說過一句好話。朱麗亞是個非常敏感的人，她感到伊娃反覆不斷地、嘮嘮叨叨地一再抱怨她的老家，很可能源於她疲憊倦怠的精神狀態，她老是顯得無精打采，早上老是起不來，在做那些顯然要求並不高的工作時她都得要費九牛二虎之力。當叫她一起幫著做早飯和照料孩子們上學時——這些是朱麗亞指定給她的工作的一部分——伊娃便抱怨起來。她說合約上並沒有寫明她工作的具體時間，不過她會做完當天自己應做的事情。

很顯然，伊娃身上缺乏生機和活力，她似乎陷入

了滿腹怨氣的狀態且日益嚴重，這耗盡了她身上僅有的那一點點生命力。伊娃的種種跡象顯示，她似乎已患上了一種抑鬱症，而且一時無法治癒。在伊娃來到這裡才三個星期之後，朱麗亞發現了一張刊有招聘「互惠女孩」(au pair)（註）廣告的報紙，這是伊娃故意誇耀地留在咖啡桌上的。朱麗亞決定將已日趨明朗的事情公開挑明，她直言說伊娃在他們家裡過得並不快活。伊娃吞吞吐吐地承認說她一直設法在倫敦找一份工作，她討厭住在鄉下的小鎮上。她也一直想找一份與現在不同的工作，不要有什麼家事，至少在家裡只有一個孩子，因為她實在不願意與孩子待在一起。你可以想得到，伊娃真的離開了這裡，留下了一連串痛苦，

註：法語。描述在英國作輕鬆家務以
　　換取食宿與學習環境的海外女
　　子。

包括在這個家庭中與孩子們相處的不愉快的經歷。

　　當一個人內心充滿了傷感時，有時候往往與其受冷落甚至遭欺凌虐待的經歷有關。伊娃的抑鬱症的行為主要表現在她不能積極地參與工作，而且性格乖僻古怪。與艾侖不同，她陰鬱的心情主要是來自內部因素，而不是源於某些不愉快的外部經歷。伊娃不願意照料史密斯家的孩子，很可能與這樣一個感覺直接有關，即她覺得他們就像自己的弟弟妹妹。在她之後，她父母親又生了幾個孩子，毫無疑問她對這一情形心裡很不樂意，不過在一個通常需要幫忙照顧弟弟妹妹的家庭環境中，隨著年齡的逐漸增長，對弟弟妹妹的忌妒之心也會漸趨減弱。我們在下一章中將會看到，伊娃的父母親對所有的孩子都非常關心愛護，並且很注意孩子們的情感。然而，由於伊娃已形成了偏狹的、缺乏愛心的人生觀，她把這種怨恨情緒擴展到了家庭以

外，她似乎喜好這種偏狹的心理，甚至需要它，緊緊抓住它不放。她在惡劣的心境中陷得如此之深，使得旁人很難來幫她解脫。很顯然，史密斯一家待她非常友善。而那時伊娃卻絲毫不願改變自己的人生態度。

有些年輕人，哪怕是脾氣暴躁的人，在他們逐漸長大成熟遇到了溫馨愉快的環境時，也許也不至於像伊娃那樣對自己的性情毫無影響。這種「第二次機遇」，就如仁慈友善的史密斯一家所營造的那種機遇，可能有助於緩和年輕人對父母親所持有的敵對情緒。我們在下文中將會看到，即使是伊娃，這次經歷對她以後逐漸改變了心目中父母親形象也是有一定的啟迪作用。

忍受悲傷和失落；孤立；對自殺
的恐懼

抑鬱症也可能是由外在世界的某種失落所引起
的，相繼失落而來的是悲傷的心情。

塞西莉 (Cecily) ── 我們在第九章中還要詳細地
談到她 ── 在十八歲時母親死於一場車禍。從這以
後，她便一直沈浸在突然喪母而難以言喻的情感之中，
變得很少出門。這些情感包括深深的悲傷，不過同時
也有對這場突發事故的怨憤之情，覺得這對自己太不
公平了。這樣的喪母之痛需要別人來體認和共同分擔，
也需要別人的幫助和安慰。在前面幾章中，我們曾談

到了裘迪思在遭到了男友丹尼爾的拋棄之後她的父母親是如何來撫慰她的，還談到了鄧肯曾一而再、再而三地與他所愛的親人離別，這一傷痛一直沒有被他自己或他的家人所明確意識到，直到他離開家庭去上大學以後情況才得到了改變。我們將會看到，那些遭遇了親人的突然猝死或慘死、或者是失去家園的人——比如像我們在這一章前面部分所描述的那些難民的處境——需要在他們傷心至極、萬念俱灰之前獲得幫助和慰藉。

　　像塞西莉那樣要忍受喪親的悲傷，往往是極其痛苦的，不過通常在最後也總有希望來克服、消解這種痛苦。然而，有些年輕人依靠本身的努力恐怕還難以完全克服。他們會變得情緒非常低落，很可能把自己封閉起來不與他人來往，對人生的意義悵然麻木，甚至好幾次會出現自殺的念頭。對此，除了父母親的關懷之外，還需要專家們的幫助。

第八章　飲食失調與抑鬱症

127

第九章

人生開始的
新階段

離家給家人所帶來的衝擊

我們在前言中曾經談到，當年輕人開始走上最後與父母家人分離的人生旅程時，意指一個不僅是對孩子來說，同樣對父母也是動盪不安的時期已隨之而來。回過頭來看一下，沒有一個家長會感到自己孩子的成長一如他們所期望的那麼優秀出色。一方面是為了孩子，另一方面也是為了自己，父母親們也許不得不忘卻以往曾經發生的過失。或孤身一人，或夫婦相伴，父母親們也不得不適應重新生活在一個宛如空巢的環境裡。

孩子長大後離開家庭單獨生活，是人生成長中的

一個正常階段，作為父母而言，他們自己在年輕時也

一定曾經歷過這樣的階段，但它孕含著某種痛苦的滋味，在不同的時期，父母親和孩子都會深深地感受到這種苦澀的滋味。往往是父母親更直接地感受到這一打擊。年輕人正轉向一個新的人生舞臺，對他或她而言，離開家庭可能意味著新生活的開始，而很多父母親，特別是當最後的孩子離家的時候，他們不得不品嘗一種空洞的滋味。康斯坦丁的母親雖然為自己的孩

子考進醫學院而感到非常自豪，但在他離開家庭的時候還是感到很傷心，鬱鬱寡歡，而孩子回家時則又感到欣喜萬分，還做了很多家常菜叫他帶到學校裡去。蘿拉的父母認為女兒搬到合住公寓去獨立生活對她的成長是很有意義的。尤其她母親感到這樣一來女兒會直接碰到一些當家理財的實際問題，這對培養她在這方面的責任感是有所幫助的。然而，蘿拉是家裡的最後一個孩子，她離開家庭之後，父母親不僅會懷念往昔的家庭生活，並且竟會懷念以往頻頻響起、惹人心煩的電話鈴聲，這使他們自己也感到很驚訝。夫婦倆決定一同去上夜校學習義大利語，以準備下一個假期外出旅行，通過這樣的消遣方式，他們覺得能有更多的時間來重溫自己年輕時的興趣愛好，心裡也愉快得多了。

康斯坦丁也好，蘿拉也好，他們的離家問題都是

在家庭中討論過的，大家都認為這是人生中的一個自然發展階段，並沒有感到很意外。倘若像羅伊那樣，離開家庭會引起矛盾衝突，那麼家人就會對孩子離家的決定感到非常突然，此後就會留下較難癒合的心靈傷痛。不過，在這一章中我們將會看到，某些心靈的傷痛還是可以設法癒合的。

像鄧肯這樣的孩子，因家庭的因素而不得不數次與親人分離的經歷會在他們的情感上留下很深的刻

痕，這對於他們的成長是不利的。在鄧肯的例子中，雖然這種情感的創傷源於其孩提時代，但最後還是在他以後的人生階段中表現了出來。至於像哈利那樣的離開家庭，結果走到了流落在倫敦街頭的地步，一定會在往後的人生中留下非常悲涼、不快及難以釋懷的情感創傷。

離家和歸返

有時候，多多少少會有些逐漸長大的孩子明確地向父母親表示，他們在家裡已經悶不住了，已作好離家的充分準備，渴望得到徹底的獨立自由。開明的家長們還真的把這些話信以為真。有些年輕人可能需要經過一個想家的過程，有些甚至會跑回家去過一陣子，

因為他們還未充分培養起獨立謀生的能力。

我們在前一章中提到的伊娃，當她決定在聖誕節時去探望父母親時，一個令人困窘的問題產生了。在離家的時候，她曾口氣非常堅定地說過，她要到外面去獨立謀生，當「互惠女孩」以自食其力，並且說她最討厭在休假日的時候回家。那時候她似乎對照料孩子這一工作很有信心，甚至還懷著一定的熱情，但我們已經看到了，這些信心和情緒只有幾分鐘的熱度。

伊娃在家的時候，她的四個弟弟自小便分住兩間房，而伊娃作為一個女孩，又是老大，便一個人擁有自己獨立的房間。在她離家之後，她母親決定讓她的大弟弟英格瑪(Ingmar)獨立擁有一個房間，因為他此時正在準備畢業考試，常常都要唸書到很晚。

得悉伊娃最後還是要回來過聖誕節，她父母感到頗為驚訝，但心裡確實非常高興。他們意識到她如果不再有自己的房間一定會覺得很不好受，於是便寫信告訴她家裡臥房安排的變化。夫婦倆商量著是否讓英格瑪再搬回到弟弟的房間裡去，但這樣做並不妥。他們也想到，伊娃回來後要是看到自己原先的房間裡貼滿了弟弟的圖片，擺滿了弟弟的東西，心裡會不是滋味。於是伊娃睡在起居室內坐臥兩用的長沙發上，家裡的訪客通常也睡在這裡。這更加使她感到此時自己就像一個客人。伊娃臉上裝出一副滿不在乎的神情，但

內心卻受到了深深的傷痛，滿肚子怨氣，這使得她無法開誠布公地與父母親談一談，雖然談一談有助於她瞭解父母親的想法。然而，她把自己這種遭家人拋棄的念頭告訴了姑媽英格麗(Ingrid)，英格麗是她父親的妹妹，平常伊娃和她關係很好。這次交談不僅使她感到別人瞭解自己，而且也使她理解了父母親方面的情形。她甚至向她姑媽吐露了自己自尋煩惱、自陷苦痛的性格傾向。英格麗姑媽也適時地告訴她說，當年她的兄長——也就是伊娃的父親——離家的時候，她自己也非常開心能搬進他的房間！

衝突的觀點

上述的例子表明了外界的環境是如何使得一個年

輕人敏銳地體會到遭遺棄的感覺。而父母親們自己也常常會有這種遭拋棄的感覺。

　　羅伊告訴他父母親他打算不結婚便與派翠建立家庭，這時他們感到了自己堅定信奉的價值觀遭到了徹底的摒棄，原先他們一直以為羅伊也會遵奉這一價值觀。在這之前，他們對於羅伊的性生活睜一隻眼閉一隻眼，實際上羅伊的這種行為已經明顯地背離了他們堅定信仰的人生原則。羅伊莽撞冒犯的態度，再加上父母親頗為強硬的做法，一段時期內在家庭中造成了齟齬不斷，氣氛緊張。他的父母親感到他對他們價值標準的蔑視態度是絕對難以忍受的。他把他們看作是偏執和心胸狹窄的人，這也使他們感到非常傷心，這意味著他們似乎從來沒有給過他什麼有益的東西。而羅伊真的認為自己所做的一點都不過分，自己的父母太不通情理了。他感到很難向父母親認錯，他的父母

親也無法原諒他。有一段時間，羅伊和他的女朋友派翠沒有參加禮拜天午餐，這是他們家族中持續了多年的傳統活動。羅伊的哥哥和姐姐一直以相當傳統的生活方式奉行著家庭的價值標準，因此在其父母親看來，羅伊的行為實在是出人意料、令人傷心的沈重打擊。

孩子長到了十幾歲以後，父母親們確實會碰到各種各樣的事情。在上述兩個例子中，我們可看出兩種不同的類型。伊娃心靈受到了傷害，是因為她覺得自己在家裡已不再被認為是個孩子了，沒有人疼愛她；而羅伊的父母感到傷心，是因為他們看到兒子已摒棄了家裡的價值標準。

家長面臨的難題

　　父母親往往會對自己孩子在交友、結伴及生活方式方面加以干涉、進行管教。然而，當孩子長到十八、九歲時，他們就會明白，再擺出一副家長的面孔，把

自己的意見和看法強加在孩子的頭上，往往只會得到
恰得其反的效果。

　　安的父母親雖然有些古板，但還是很關心自己的
女兒，他們發現自己與女兒原先和睦融洽的關係出現
了裂縫。安對他們到她所就讀的大學來看望自己，似
乎並未表現出熱情的歡迎態度。她明確地表示，她對
例行的每月一次全家人同進晚餐並不覺得有什麼開
心。當父母弄明白了安的真正快樂所在時，他們感到
大失所望。因為每次去看望女兒，都會在她的房間裡
聞到一股濃烈的香味，看到一些神情恍惚的年輕人，很
顯然，他們在這裡抽吸大麻。他們平時給安的零用補
貼相當不少，卻總是不夠用，這恐怕正是不夠用的原
因之一。

　　他們終於意識到了自己的女兒已經自願地陷入了
一群充滿了反抗父母色彩的同學團體中。他們對此感

到深深的憂慮，擔心女兒既陷入到那群體中，又沾染上吸毒、酗酒、亂交的惡習。幸好，他們沒有在這情形前感到不知所措、自亂陣腳，夫婦倆互相激勵、互相支持，採取了積極主動的姿態。雖然他們可以明白地告訴安，他們已十分清楚目前所發生的一切，但他們並未把事情完全挑明，這就使得安感到父母親既未過分地干涉自己，自己也並非無藥可救。後來安告訴父母，她已向學校的學生輔導員傾訴了自己的苦惱並獲得了幫助，此時她父母親的心頭頓感如釋重負，長長地鬆了一口氣。

安的父母並不喜歡女兒所交的朋友以及他們的生活方式，但他們明白，對女兒嘮嘮叨叨不斷地加以指責，只會促使她更加靠向那幫不良夥伴，越陷越深。

在很多場合，父母對兒子或女兒在交友行為上表示反對的，往往不是其結交一群朋友的情形，而是在

伴侶的抉擇上。

我們在前面曾談到過康斯坦丁與他父母親間的非常良好的關係。但是當康斯坦丁愛上了醫學院的同學、一位漂亮的愛爾蘭女孩基蒂(Kitty)時，這一關係受到了嚴峻的考驗。在他表示不想繼承家業時，父母親沒有給過他一點壓力。然而，現在他將不會在自己所信奉的宗教教堂裡娶一位「賢慧的女孩」，這一情形使他的父母感到極難接受，尤其是他母親。他們很難想像自己的兒孫不能完全歸屬於自己的文化圈。有一天康斯坦丁告訴父母，他與基蒂間的關係是認真的，他們總有一天要結婚，聽到這一消息，他母親忍不住痛哭失聲。康斯坦丁對於自己所作出的決定並沒有動搖，但他很能體會母親的情感，他明白，自己雖然有擇偶的權利，但是這一選擇給父母親帶來了意想不到的痛苦。

來自父母親和專家的幫助

　　在本書中我們已經見到了不少父母親如何幫助自己孩子的例子。對於十八歲至二十歲的孩子，父母親所需作的幫助，往往只是支持和鼓勵他們，充分關心他們的思想和情感。這意味著關心他們各自今後人生的發展，在適當的時候關心和理解他們的想法。適當地克制一下對孩子將來人生計劃的異議，比如像簡妮的情形，或是抑制一下對孩子擇偶決定的失望，比如像康斯坦丁的例子，對孩子的健康成長也會有所裨益。

　　在孩子遭到了麻煩和問題時，應該歡迎他或她回到家裡來。裘迪思的父母很清楚，在女兒與丹尼爾的

關係崩裂之後，她需要待在溫暖的家裡，在那段時間裡需要得到小孩子般的照料。她父母能夠分擔她的痛苦，並且不厭其煩地關心她，這使得裘思迪感到自己仍是一個十分討人喜愛的女孩。伊娃重新回到家之後，她父母親對她也非常關心，同時又未使家庭生活出現裂痕。

　　我們在安的例子中已經看到，對於自己孩子的生活方式，父母親需要表示出不同的看法，不過仍要設法與他們保持和睦良好的關係，這常常需要很大的努力。在一個人的情感受到挫折、感到苦悶的時候，這種相互勉勵、相互支持的關係就提供了使人站立起來的堅實土地。我們在芭芭拉的例子中看到，在自己的孩子需要幫助的時候，即使已離異的父母親也可以做到互相合作、互相支持。

　　有時候，由於自己方面的種種困難，父母親可能

無法對孩子的問題作出直接的幫助。在某些場合，比如像安、芭芭拉和那些年輕的難民，不管父母親怎樣關心他們，因其痛苦的程度已相當深刻，恐怕需要尋求外界的幫助。青少年本人或他們的家長也許不知道該向何處尋求幫助。進入大學的年輕人去找輔導員談一談是很有益的，輔導員會指點你該怎麼樣獲得進一步的幫助。我們已經看到，芭芭拉的父母親在與另一些具有相同煩惱的學生家長的交談中，得以共同探討了如何使孩子健康成長的途徑。

我們在本書的末尾列出了一批能提供幫助的機構名單。從本書的內容中可明顯地看出，若有必要，筆者是比較傾向於從專家那裡來獲取幫助，當然，那些專家必須是對該青少年的實際生活經歷和內心的情感有非常細心的體察，而不是泛泛地提供一些建議。

繼父母與非親生孩子

對父母親而言，接受孩子所選擇的伴侶有時並不是件輕鬆的事，同樣對孩子來說，在他的父親或母親重新選擇一位配偶的時候，其心情也是很複雜的。我們前面提到的塞西莉，在她十八歲的時候，一場車禍奪走了她的母親。她知事明理，在一段時期裡很少與

外界交往，不過到了二十歲時，她比以前更加頻頻外出，並且有了一個固定的男朋友，這樣的關係已有了幾個月。她原本估計，在她母親死後，父親決不想再結婚。她依然住在家裡，那時她父親開始經常外出，最後他告訴她，他打算娶年紀比自己稍小的瑪維斯(Mavis)為妻。瑪維斯已有兩個孩子，正在上小學。她聽到這一消息後，首先便感到一陣憤怒。他怎麼能這麼做？她母親會怎麼想？雖然她明確地向父親表示，希望不要忘了她的母親，但當她意識到父親已打定主意要再婚時，心裡不覺湧上一陣複雜而難以言喻的感覺。

自她母親死後，塞西莉便逐漸很自然地覺得自己是「家庭的女主人」，她為父親、為兄弟、也為她自己非常能幹地操持家務。她自己也已年齡不小，慢慢地也將要出嫁結婚，那時這些家務就要由父親來擔當了，

一想到這一點，她也覺得難以調適。最後同樣重要的一點是，在她弟弟出生時，她內心有過激烈的掙扎，酸溜溜的有股說不出的味道，此後她心裡想，以後家裡就不會再有不受歡迎的孩子降臨了。塞西莉的父親打算再婚的想法堅定不移，不過幸運的是，同時他也非常能體察女兒內心複雜的情感。

接受來自另外一個家庭的孩子，對這一家庭原先的成員來說顯然不是一件愉快的事，而父母遭離異的孩子因父或母的再婚而進入一個新的家庭，同樣也是令人難堪。當我們論及再婚問題的時候，在這一年齡層的孩子很可能會發生這類問題。

塞西莉遇到了令她非常不快的事情。她開始感到原先由自己來操持的家庭——她照料得那麼井井有條——如今正遭到了瑪維斯和她孩子的入侵。起居室裡，玩具和電視遊戲卡扔得滿屋子都是，有時候在看

兒童電視節目時吃的油炸薯片落到了地上，踩在腳底後被帶進了臥室中原先潔淨的地毯上。看到瑪維斯自行其事地用吸塵器跟在孩子後面清掃，塞西莉覺得心裡很煩，同時心裡很矛盾，她不願跟在孩子後面打掃，但她又不喜歡瑪維斯來接管家務。塞西莉覺得家裡簡

直成了孩子的天地。花園裡充滿了陽光的一隅，她以前常在這裡曬日光浴，如今卻被瑪維斯和她的孩子帶來的一個龐大的攀爬架占據了。

塞西莉心頭充滿了各種矛盾的想法,覺很很苦惱。她本來就已想過搬出去與男朋友羅德尼(Rodney)住在一起。現在她想要搬出去,也有想改換一下環境的念頭,她想要有她自己的居所。然而要放棄自認是正當地從母親那兒接手過來的這個家,也實在覺得難以割捨。她不願意在她和羅德尼還未充分準備一起建立起一個新家之前就匆匆忙忙地搬出去。她一時拿不定主意,不知如何是好,但她無法忍受與父親和瑪維斯住

在一起，尤其是她得悉瑪維斯已懷孕了之後。一想到以後會有一個同父異母的弟弟或妹妹，她就受不了，於是很快地搬到了羅德尼那兒。羅德尼的住所只有一張床和一些廚房用具，這與塞西莉原先的家——她還依然感到這是自己的家——相差太大，她心裡覺得很不是滋味。

可能成為父母和墮胎

搬遷後不久，塞西莉便面臨著一個極其嚴重的抉擇。她月經沒有來，她感到自己已經懷孕了。該怎麼辦？認為自己和羅德尼還沒有準備在現在這個時候就做父母，經過認真考慮後，她打算墮胎。羅德尼的想法和她不一樣，因為他覺得有時候自己很想做一個爸

爸。他們在討論這件事時，他說了一句令塞西莉意想不到的話，他說瑪維斯已懷了個孩子，所以可能也不想輸給後母，才忘了吃避孕藥。塞西莉聽後感到大吃一驚，一開始對羅德尼的話很生氣，不過再細想一下，覺得他的話也有道理。接下來的實際問題是，他們沒有合適的地方來養育這個孩子，這使得塞西莉加深了對瑪維斯的憎恨，是她搶走了自己原先寬敞的住處。幸好，後來經過查驗，證實她沒有懷孕，不過在查出來之前，確實使塞西莉緊張和苦惱了一陣子。

塞西莉身上還有一股好勝的小孩子氣，她也許想讓自己也懷上個孩子，因此而不輸給瑪維斯。在另一方面，她畢竟已是個相當成熟的二十歲的大女孩，遇事都會仔細思量。她清晰地記得自己的母親，記得母親是如何將他們養育大的，因此她自己也要成為一個好母親。然而，這一次她想壓倒她父親續弦的念頭太

強烈了，一時好勝心占了上風。在這種情形下，要想非常理智地作出墮胎的決定往往是很困難的。

　　這一年齡層的青年人在決定諸如墮胎等事情時不會與父母親進行商量。而在另一方面，父母親則非常願意為他們的孩子在處理這類問題上出謀獻策。我們在這本書的前面部分曾經談到伊馮是一位能夠慎重地獨立作出決定的女孩。在她意想不到地懷孕之後，孩子的父親卡爾(Karl)，一位她在音樂學院的同學，打算回到自己的祖國去完成音樂學業。伊馮覺得可以毫無拘束地找自己的父母商量這件事，與他們談談目前自己必須作出的兩難決定：她應該去墮胎呢，還是在明知自己要成為單親媽媽的情況下依然保留這個孩子？伊馮的父母明白女兒並不是在向他們尋求直接的答案。就像以前曾多次對她所做的一樣，他們對她的情形表示了親切的關懷，以此來幫助伊馮正確對待目前

所處的困境。伊馮認真考慮了自己若成為單親媽媽後將要承擔的責任，即慎重地決定保留腹中的孩子。父母親告訴她，他們支持這一決定，並明確表示願意與她站在一起，盡一切努力幫助她。

伊馮與卡爾的關係並沒有持續很久，但整體來說這是一段愉快的經歷，因為兩人都喜歡音樂。他們原先並沒有計劃生孩子，但一旦懷了孩子，此時她感到自己扶養孩子的信心和能力要比卡爾要強得多。她明白今後養育孩子的責任將落在自己的身上。考慮到孩子以後總會知道自己父親，她原先希望繼續與卡爾保持良好的關係，然而很遺憾，事實上未能做到這點。

一個年輕女子常常會感到想要孩子的願望並不產生於最為成熟的時期。這可能會從很早以前的宿願中閃現出來，在她還是個小女孩的時候，她就會希望自己手中的玩具娃娃成為一個有生命的人，這樣她就能

像母親一樣擁有一個小孩。有些孤獨的女孩可能希望有個小孩來作伴，常常懷著可憐兮兮的願望，但願這樣會在心裡給自己一些安慰，而不知道還要擔負起照顧、養育小孩這一艱巨、成人的重任。這種心態與成年人是大不相同的，成年人明白有了孩子後，要將其扶養成人，要面臨所有艱難的養育重任，包括為孩子擔心害怕，度過無數的不眠之夜，承擔數不清的責任，一直到把孩子扶養至我們在本書中所論述到的年齡。

新的一代

與羅伊一起建立家庭不久，派翠就懷孕了，然後這對年輕人就結了婚。在他們決定結婚的消息宣布以後，羅伊與他父母親間的緊張關係得到了相當的舒解，

不過儘管與羅伊一家的來往較前大為頻繁，而且他們也重新參加了禮拜天午餐，但羅伊與父母的關係還是與以前不太一樣。

當小戴維(David)出生後，他的誕生大大地促進和改善了家庭關係。在羅伊與派翠成家時，他的父母認為依照他們的準則來將羅伊的孩子養育成人是很困難的。然而如今羅伊和派翠自己也做了父母，這個新的事實給兩代人的關係中注入了不同的涵義。羅伊的父母能夠明白，將小戴維扶養成人是他的父母，即派翠和羅伊的任務，倘若要他們幫什麼忙的話，他們依然可以保持自己的見解和看法。事實上，他們很高興地感到，自己與小戴維相處時，彼此間的關係顯得比較輕鬆和諧。他們在帶養戴維的時候，並沒有完全感到這是在養育自己的孩子。實際上確實是這樣，就像大多數祖父母一樣，在扶養第三代的時候自己不必肩負

直接的責任，這就使得彼此間的關係顯得頗為輕鬆和睦。

由於彼此間難以消除的怨恨，羅伊與父母間的關係曾一度跌至谷底。羅伊感到他們不充分尊重自己的獨立性，對此一直不能釋懷，而他的父母則認為羅伊的行為損害了自己的價值準則，對他難以原諒。戴維的出生，給雙方都帶來了莫大的歡樂，這一共享的歡樂沖淡了雙方彼此的怨恨。其父母感到自己的一脈還

在孫子身上延續，因為戴維是羅伊父親的名字，要是生下的是個女孩的話，派翠會以自己母親的名字來命名。不管怎麼樣，使自己的生命體得以具體地延續下去的新一代誕生了，做祖父母的也許對自己的孩子充滿了感激之情，因為他們給自己帶來了一位孫子，他們感到自己生命的火花繼續在孫兒身上得到了閃耀。

　對於步入暮年的人，

　　大地給予他的無上厚禮，

　　便是一個孩子，

　　伴隨著希望，

　　和永遠年輕的思想。

　渥茲華斯 (Wordsworth)：《邁克》*(Michael)*

參考資料

☐ Box, S. et al.(ed),*Crisis at Adolescence: Object Relations Therapy with the Family.* Jason Aronson Inc., New Jersey and London,1994.

☐ Copley, B., *The World of Adolescence:Literature, Society and Psychoanalytic Psychotherapy.* Free Association Books, London,1993.

☐ Salzberger-Wittenberg I. et al., *The Emotional Experience of Learning and Teaching.* Routledge and Kegan Paul, London,1986.

☐ Shakespeare, W., *Romeo and Juliet*

☐ Tolstoy, L.N., *War and Peace*

協詢機構

☐親子關係諮詢／社教館家庭服務中心（以父母為
主）

(02)772–1885

馬偕協談中心平安線

(02)531–0505，531–8595

觀音線

(02)773–9695

勵友中心

(02)594–2493

□子女教養問題／人本教育基金會（以教育，課業，

學校方面為主）

(02)732–8304

少輔會（以家訪為主）

(02)553–0877

社教館家庭服務中心

(02)772–1885

□親職教育／家庭生活教育中心

(02)883–0310

□離婚、外遇、喪偶、單親家庭／晚晴協會

(02)381–9769

□綜合心理諮詢／張老師

(02)717–1010，986–6060

生活及行為輔導／少輔會

(02)553–0877

宇宙光輔導中心

(02)363-2107

□毒藥物癮醫療及諮詢／（日夜）榮總毒藥物諮詢

(02)875-7525

臺北市立療養院藥物成癮科

(02)728-5791

晨曦會戒毒中心

(02)927-0010，231-7744

□青少年醫療保健諮詢與門診／榮總王大夫專線

(02)871-9494

性病防治所諮詢專線

(02)371-9919

杏陵醫學基金會（專業人員性教育諮詢）

(02)795-1357

衛生署防疫處愛滋病諮詢專線

(02)396-2847

中華民國醫療諮詢服務協會

(02)331-4344

□精神診斷及心理治療／陽明醫院精神科

(02)835-3456 轉 6386，6362

榮總兒童青少年心理衛生門診

(02)871-2151

婦幼醫院兒童心智科

(02)391-6471轉374，372

臺北市立療養院兒童青少年門診及社區心理衛

生中心

(02)726-4186

臺大兒童心理衛生中心

(02)312-3456 轉 6597

□就學與教育／教育局第一科（高職）

(02)598-2843

教育局第二科（國、高中）

(02)598-2494

導航基金會（高中職）

(02)383-1996

□就業／國民就業輔導中心

(02)591-3431

勞工局職業訓練中心

(02)872-1940

婦女展業中心

(02)505-8089

行政院青輔會

(02)356-6232

□法律諮詢／臺北市聯合服務中心

080-221134, (02)521-9040

三民書局在網路上
與您見面囉！

從此您再也不必煩惱買書要出門花時間
也不必怕好書總是買不到

有了三民書局網路系統之後
只要在家裡輕輕鬆鬆
就好像到了一個大圖書館

全國藏書最齊全的書店
提供書籍多達十五萬種
現在透過電腦查詢、購書
最新資料舉手可得
讓您在家坐擁書城！

●會員熱烈招募中●

我們的網路位址是http://sanmin.com.tw

做孩子一生的朋友

~親子叢書系列~

父母的成長從瞭解孩子開始